V&R

Gerald Hüther

Die Macht der inneren Bilder

Wie Visionen das Gehirn, den Menschen
und die Welt verändern

7. Auflage

Vandenhoeck & Ruprecht

Umschlagabbildung:
Ist das eine DNA-Schleife?
Ist das der Dampf über einem Samowar?
Ist das die Römerin mit Füllhorn?
  (Fresco, Stabiae, wie Pompeji 79 n. Chr. vom Vesuv verschüttet)
Ist das der Andromeda-Nebel in kosmischer Nacht?

Es ist das Photo von einem Möwenschiss auf Asphalt.

© Hans-Ulrich Hellmann: »Junge Braut mit Kind sogar«,
Photographie, 2000, 18,3 x 27,5 cm.
Mit freundlicher Genehmigung des Künstlers.

Bibliografische Information Der Deutschen Bibliothek

Die Deutsche Nationalbibliothek verzeichnet diese Publikation in der
Deutschen Nationalbibliografie; detaillierte bibliografische Daten
sind im Internet über http://dnb.d-nb.de abrufbar.

ISBN 978-3-525-46213-3
ISBN 978-3-647-46213-4 (E-Book)

© 2011, 2004 Vandenhoeck & Ruprecht GmbH & Co. KG, Göttingen/
Vandenhoeck & Ruprecht LLC, Oakville, CT, U.S.A.
www.v-r.de
Alle Rechte vorbehalten. Das Werk und seine Teile sind urheberrechtlich
geschützt. Jede Verwertung in anderen als den gesetzlich zugelassenen Fällen
bedarf der vorherigen schriftlichen Einwilligung des Verlages.
Printed in Germany.
Satz: KCS GmbH, Buchholz/Hamburg
Druck und Bindung: ⊕ Hubert & Co, Göttingen

Gedruckt auf alterungsbeständigem Papier.

Inhalt

1. **Vorbemerkungen:
   Wenn innere Bilder lebendig werden** 7

2. **Bilder, die das Leben zeichnet** 21
   2.1 Das Gehirn als Bilder erzeugendes Organ 22
   2.2 Die Entwicklungsgeschichte der inneren Bilder ... 31
   2.3 Das Leben als Bilder generierender Prozess 43

3. **Bilder, die das Sein bestimmen** 49
   3.1 Bilder formen lebendige Strukturen 51
   3.2 Bilder strukturieren das Gehirn 58
   3.3 Bilder lenken die Wahrnehmung 73
   3.4 Bilder bestimmen das Denken, Fühlen
       und Handeln 81
   3.5 Bilder prägen das Zusammenleben 88
   3.6 Bilder verändern die Welt 97

4. **Bilder, die das Werden lenken** 105
   4.1 Bilder, die sich öffnen und erweitern 108
   4.2 Bilder, die sich verengen, starr und
       übermächtig werden 112
   4.3 Bilder, die verschwimmen, verblassen und
       verloren gehen 121

5. **Nachbemerkungen:
   Bilder, die immer lebendig bleiben** 131

6. **Literaturhinweise** 136

1. Vorbemerkungen:
Wenn innere Bilder lebendig werden

Dort, wo ich wohne, gibt es einen Felsen. Eigentlich ist es gar kein richtiger Felsen, eher ein Block aus Sandstein, der auf einem kleinen Hügel steht. Einst war er wohl viel größer, nun ragt er nur noch aus dem heraus, was Wind und Wetter im Lauf der Zeit von ihm abgeschabt und weggetragen haben. Übrig geblieben ist ein bizarres Gebilde, das aus einiger Entfernung wie ein sitzender Riese aussieht. Jedes Mal, wenn ich mit meinen Kindern hier heraufkomme, meinen sie, genau dies sei der Platz, an dem das tapfere Schneiderlein damals seinen Kampf mit den Riesen ausgefochten hat. Sie sammeln herumliegende Steine auf und versuchen sie auszupressen. Weil wir keinen feuchten Käse eingepackt haben, werden am Bach kleine Klöße aus Schlamm geformt, damit lassen sich die Riesen ebenso gut hereinlegen. Nur für den kleinen Vogel, den das Schneiderlein in die Luft geworfen hat, findet sich so schnell kein brauchbarer Ersatz …

Meine Frau kommt nur selten mit zu diesem Felsen. Sie mag ihn nicht. Weil sie aus dieser Gegend stammt, kennt sie all die gruseligen Geschichten, die sich die Leute in den umliegenden Dörfern von diesem steinernen Riesen erzählen. Früher, als er noch lebendig war, soll er nämlich alle Kinder, die von zu Hause weggelaufen waren und sich im Wald verirrt hatten, brutal eingefangen und verspeist haben. »Kinderfresser-Stein« haben die Leute den Felsen deshalb genannt.

Ein Fels ist kein Riese. Das weiß jedes Kind. Aber wenn man ihn betrachtet, entsteht im Gehirn ein bestimmtes Aktivierungsmuster. Dieses Geflimmer der Synapsen kann, wenn der Fels eine entsprechende Gestalt hat, bisweilen genau dem Muster ähneln, das immer dann aufgebaut wird, wenn man sich einen Riesen vorstellt. Falls nun nichts eintritt, das einen Menschen daran hindert, dieses im Gehirn entstandene innere Bild entstehen zu lassen und sich darauf einzulassen, so wird der Fels auch als Riese erkannt. Diese im Inneren geweckte Vorstellung von einem Riesen ist dann in der Lage, weitere Erinnerungsbilder wachzurufen, die als früher entstandene charakteristische Verschaltungsmuster im Gehirn mit dem Bild eines Riesen eng verknüpft und deshalb nun entsprechend leicht aktivierbar sind. So erweitert sich das Bild des Riesen um andere Bilder, die als Berichte, Geschichten und Erzählungen über Riesen und die Begegnung von Menschen mit Riesen ebenfalls im Gehirn in Form bestimmter synaptischer Verschaltungsmuster abgespeichert sind. Diese inneren Bilder können dann selbst wieder zur Vorlage für eigene Handlungen werden. Auf diese Weise kann bisweilen die Grenze zwischen Vorstellung und Wirklichkeit letztlich ganz verschwimmen. Das innere Bild ist dann so lebendig, dass es das Denken, Fühlen und Handeln der betreffenden Person zu bestimmen beginnt.

Nun ist es allerdings nicht weiter bedenklich, wenn ein durch die Wahrnehmung eines bizarr geformten Felsens im Inneren erzeugtes gedankliches Bild eines Riesen kleine Kinder dazu bringt, das tapfere Schneiderlein zu spielen. Das regt ihre Phantasie an, festigt das Selbstvertrauen und gibt ihnen Gelegenheit, neue, eigene Erfahrungen zu machen. Innere Bilder können also lebendig werden, den Horizont erweitern und stark machen. Es gibt aber auch Bilder – manchmal sogar solche, die durch die gleiche Wahrnehmung einer bestimmten Erscheinung im Gehirn anderer Personen oder bei der gleichen Person in einem anderen Kontext wachgerufen werden –, die den Horizont von Menschen einengen, ihnen Angst einjagen, sie verunsichern und schwach machen. Das ist schon bedenklicher. Denn einmal entstanden und im Hirn verankert, sind solche Bilder nicht nur in der Lage, einen Menschen daran zu hindern, irgendeinen Hügel zu besteigen. Wenn sie grundsätzlicher Natur und tief genug ins Hirn eingebrannt sind, können sie unter

Umständen sogar dazu führen, dass Menschen an sich selbst und an der Welt – das heißt an dem Bild, das sie von sich selbst und von der Welt haben – verzweifeln.

Wenn wir über innere Bilder reden, geht es also nicht nur um bizarre Felsformationen, aus denen unser Gehirn einen Riesen macht. Es geht um viel mehr. Es geht um die Selbstbilder, um die Menschenbilder und um die Weltbilder, die wir in unseren Köpfen umhertragen und die unser Denken, Fühlen und Handeln bestimmen. Wie die Hirnforscher in den letzten Jahren zeigen konnten, ist die Art und Weise, wie ein Mensch denkt, fühlt und handelt, ausschlaggebend dafür, welche Nervenzellverschaltungen in seinem Gehirn stabilisiert und ausgebaut und welche durch unzureichende Nutzung gelockert und aufgelöst werden. Deshalb ist es alles andere als belanglos, wie die inneren Bilder beschaffen sind, die sich ein Mensch von sich selbst macht, von seinen Beziehungen zu anderen und zu der ihn umgebenden Welt, und nicht zuletzt von seiner eigenen Fähigkeit, sein Leben nach seinen Vorstellungen zu gestalten. Von der Beschaffenheit dieser einmal entstandenen inneren Bilder hängt es ab, wie und wofür ein Mensch sein Gehirn benutzt und welche neuronalen und synaptischen Verschaltungen deshalb in seinem Gehirn gebahnt und gefestigt werden. Es gibt innere Bilder, die Menschen dazu bringen, sich immer wieder zu öffnen, Neues zu entdecken und gemeinsam mit anderen nach Lösungen zu suchen. Es gibt aber auch innere Bilder, die Angst machen und einen Menschen zwingen, sich vor der Welt zu verschließen. Es gibt Bilder, aus denen Menschen Mut, Ausdauer und Zuversicht schöpfen, und es gibt solche, die Menschen in Hoffnungslosigkeit, Resignation und Verzweiflung stürzen lassen.

Wie sind diese verschiedenen inneren Bilder, die wir alle in unseren Köpfen haben, dort hineingekommen? Haben wir sie selbst hineingebaut, oder sind sie uns von anderen ins Hirn gepflanzt worden? Wer oder was ist ausschlaggebend dafür, welches Bild sich eine bestimmte Person über die sichtbaren Erscheinungen der Welt macht, wie sie sich selbst und ihre Beziehungen zu anderen Menschen bewertet, welche Visionen sie hat und welche Möglichkeiten sie sieht, ihr Leben zu gestalten? All das sind Fragen, um deren Beantwortung wir uns lang – und vielleicht unnötigerweise viel zu lang – herumgedrückt haben. Viel zu lang haben wir ahnungslos zugelassen, dass unsere inneren Bilder als unbewusste Vorstellungen in unseren Köpfen herumschwirren und unser Leben, die Nutzung unserer Gehirne und die Gestaltung unserer Lebenswelt bestimmen. Es ist deshalb Zeit zu begreifen, was diese inneren Bilder sind, wie sie entstehen und woher sie kommen. Nur wenn wir uns der Herkunft und der Macht dieser Bilder bewusst werden, können wir auch darüber nachdenken, wie wir es anstellen, dass künftig *wir* die Bilder und nicht die Bilder *uns* bestimmen.

Jedes Nachdenken ist immer auch eine Chance zum Umdenken. Nachgedacht haben Menschen nicht erst in den letzten zweitausend Jahren. Aber das Umdenken ist nicht nur unseren Vorfahren schwer gefallen, auch wenn es an bemerkenswerten Anlässen, die ein solches Umdenken hätten in Gang setzen können, nicht gefehlt hat. Die großen weltbewegenden Leistungen und Desaster der vergangenen Jahrhunderte – wir verbinden sie nach wie vor mit den Namen von Menschen, aber nicht mit den Bildern, die diese Menschen im Kopf hatten. Adolf Hitler, Napoleon, Caesar, Alexander der Große, Djingis-Khan und wie die »großen Eroberer« und »Weltveränderer« auch alle geheißen haben: Waren sie es, die das Antlitz der heutigen Welt geprägt haben, oder waren es die aus irgendwelchen Gründen in ihren Hirnen entstandenen Ideen und Visionen? Woher kamen diese inneren Bilder, die das Denken, Fühlen und Handeln dieser Männer bestimmt und ihre Taten und Untaten gelenkt haben? Hätte Kolumbus Amerika ohne dieses Geflimmer in seinem Kopf entdeckt, das ihm die Visionen eines direkten Seewegs nach Indien immer wieder vorgaukelte? Oder die großen »Entdecker« und Wissenschaftler wie Einstein, Freud, Darwin, Newton, Descartes. Wie würde unsere heutige Welt aussehen, wenn die Bilder in ihren Köpfen nie entstanden wären, wenn sich dort nichts zusammengefügt hätte, das ihr Denken zunächst als vage

Idee und später als feste Überzeugung bestimmte? Waren nicht diese Geistesblitze der Ausgangspunkt all jener großen Theorien, die sich später als entscheidende Schlüssel unseres Weltverständnisses erwiesen haben und die als mächtige Werkzeuge zur Gestaltung unserer heutigen Welt benutzt worden sind?

Wohl am deutlichsten offenbart sich die Macht der inneren Bilder am Beispiel der großen Religionsstifter. Vor über zweitausend Jahren in den Köpfen einiger besonders begabter Visionäre entstanden, erwuchsen daraus die mächtigen Ströme der heutigen Weltreligionen. Sie formten ein gewaltiges, geistiges Flussbett, in dem das Denken, Fühlen und Handeln von Menschen über Generationen hinweg wie Kieselsteine zu der für den jeweiligen Strom typischen Gestalt geformt worden ist. Die gesamte Menschheitsgeschichte – ist das vielleicht nur die zeitliche Abfolge von lauter segensreichen wie auch verheerenden Folgen, die alle aus dem Umstand resultierten, dass bestimmte Visionen Einzelner in die Hirne unzählbar vieler Menschen übergesprungen sind, dort mit anderen Vorstellungen vermischt wurden und zu handlungsleitenden, individuellen wie auch kollektiven inneren Orientierungen und Leitbildern ganzer Epochen und Kulturen geworden sind?

Die historische Beweislast ist erdrückend: Soweit wir überhaupt nur zurückdenken können, haben Menschen offenbar innere Bilder über die Beschaffenheit ihrer äußeren Welt entwickelt und zur Gestaltung dieser Welt benutzt. Im Lauf der Menschheitsgeschichte zu unterschiedlichen Zeiten und unter unterschiedlichen Bedingungen in den Gehirnen einzelner Menschen erst einmal entstanden, haben bestimmte Visionen und Ideen als individuelle und kollektive Leitbilder die bisherige Lebens- und Weltgestaltung der Menschen auf dieser Erde bestimmt. Mit ihrer Hilfe wurde nicht nur das Gleisbett gelegt, auf dem der Zug, mit dem sich die Menschheit fortbewegt, schlingernd und mehr oder weniger rasch vorankam. Sie, diese selbst mit den modernsten bildgebenden Verfahren im Gehirn des Menschen kaum sichtbaren Aktivierungsmuster bestimmter Neuronenverbände und synaptischer Netzwerke, haben auch die entscheidenden Weichen gestellt, über die dieser Zug in eine bestimmte Richtung dahinrollte.

Was für eine ungeheure Vorstellung: Nichts weiter als nackte Bilder, bloße geistige Vorstellungen erweisen sich als die entscheidenden, die Menschheit bewegenden, die Menschheitsentwicklung bestimmenden Kräfte. Ein absurder Gedanke? Das bleibt abzuwarten. Noch haben wir Zeit über die Macht unserer inneren Bilder nachzudenken. Aber sie wird immer knapper, seitdem das Zeitalter der Aufklärung angebrochen ist und der Siegeszug des wissenschaftlich-technischen Fortschritts an Tempo gewonnen hat. Im Taumel der Begeisterung über die plötzliche Befreiung des Denkens von den engen Fesseln mittelalterlicher Weltbilder sind die Menschen nun schon seit einigen Generationen dabei, die Welt nach ihren Vorstellungen in einem Tempo zu verändern, das ihnen nicht nur die Luft zum Atmen, sondern auch die Zeit zum Nachdenken zu nehmen droht. Angesichts all dessen, was es in dieser sich so rasch wandelnden Welt zu entdecken, zu erleben und zu unternehmen gibt, scheint den Menschen neben der Zeit zum Nachdenken nun auch noch etwas anderes, viel Schwererwiegendes verloren zu gehen: Das Interesse, darüber nachzudenken, was die Menschen eigentlich dazu gebracht hat, genau diese und keine andere »schöne neue Welt« zu erschaffen. Wer hat die Vorlagen dafür geliefert? Woher kommen die inneren Überzeugungen, dass die Verwirklichung genau dieser Visionen erstrebenswert, dass die nach diesen inneren Bildern gestaltete Welt auch die einzig lebenswerte sei?

Das sind schwierige Fragen. Wer sie beantworten will, braucht Mut. Denn nur so lässt sich die Tür zu einem Raum öffnen, den keiner gern und nur selten jemand freiwillig betritt. »Erkenne dich selbst«, steht an dieser Tür, »finde heraus, was für innere Bilder es sind, die deinen und unser aller bisherigen Lebensweg bestimmt haben. Versuche zu erkennen, woher sie kommen, was sie bewirken und wohin sie dich führen«. An der Tür zu diesem Raum hört der Spaß der bloßen Gedankenakrobatik schnell auf, denn dahinter herrscht eine beängstigende

Finsternis. Seit dem großen Aufbruch aus dem Mittelalter ist es der Menschheit innerhalb weniger Generationen gelungen, fast überall auf der Erde, ja selbst auf dem Mond und in fernsten Galaxien so viel Licht zu machen, dass die Bilder immer deutlicher erkennbar wurden, die unsere äußere Welt ausmachen. Aber in der anderen Welt, in der Welt unserer inneren Bilder, kennen wir uns nach wie vor nicht aus. Es scheint sogar so, als sei es, je greller wir die äußere Welt beleuchtet haben, genau dort immer dunkler geworden. Wer allzu lange in stockdunkler Finsternis herumtappt, stößt nicht nur alles Mögliche um. Es vergeht ihm auch allzu leicht der Mut, sich jemals dort zurechtzufinden. Hat er erst einmal resigniert sein geistiges Auge geschlossen, so erkennt er selbst dann nichts mehr, wenn es dort gelegentlich wieder etwas heller wird. »Geistige Erblindungsphänomene« nennen die Psychologen so etwas, und die Hirnforscher haben in den letzten Jahren eine Vielzahl von Beispielen zusammengetragen, die belegen, dass all jene neuronalen Verschaltungen und synaptischen Netzwerke im menschlichen Gehirn, die lange Zeit nicht oder nur noch sehr selten benutzt werden, allmählich verkümmern.

Was aber geschieht, wenn wir die Herkunft und die Gestaltungskraft unserer inneren Bilder nicht mehr verstehen, wenn wir womöglich sogar die Fähigkeit verlieren, darüber nachzudenken und uns bewusst zu machen, wie diese Bilder entstehen und was sie bewirken? Was wird dann aus all diesen unverstandenen, aber dennoch weiterlebenden inneren Bildern? Kann es sein, dass sie uns am Ende selbst beherrschen? Die Ereignisse des 11. September 2001 haben der Menschheit auf bestürzende Weise vor Augen geführt, was passieren kann, wenn Menschen zu Sklaven der in ihrem Gehirn aus irgendwelchen Gründen entstandenen inneren Bilder geworden sind. Es ist höchste Zeit, über die Macht unserer inneren Bilder nachzudenken. Noch sind wir in der Lage, die Tür zu diesem dunklen Raum der Selbsterkenntnis zu öffnen. Aber wie lange noch? Nur so viel scheint festzustehen: Die inneren Bilder, die das Leben zeichnet, leben länger als die jeweiligen Lebensformen, deren

Lebensweg sie bestimmt haben und in Zukunft weiter bestimmen werden.

Dieses Buch soll eine Anregung bieten, über die Herkunft und die Bedeutung dieser inneren Bilder nachzudenken. Was ich hier auf den folgenden Seiten in Worte zu fassen versucht habe, ist vergleichbar mit dem, was dabei herauskommt, wenn man ein Puzzle aus vielen Teilbildern zusammensetzt. Wenn man Glück hat, bringt man die Teile so zusammen, dass daraus ganz allmählich und Stück für Stück ein Bild entsteht. Manchmal wird dieses Bild in Ansätzen sogar schon dann erkennbar, wenn noch viele Teile fehlen. Bereits vor Jahren habe ich mit diesem Puzzlespiel begonnen. Zunächst als Biologe, dann als Hirnforscher und schließlich auch als Hochschullehrer. Immer wieder musste ich dabei erleben, wie manche Einzelteile, manche der bis dahin herrschenden Vorstellungen und der bis dahin gewonnenen Erkenntnisse auf einem bestimmten Gebiet auf den ersten Blick recht gut zueinander zu passen schienen. Aber dann kam eine neue Entdeckung hinzu, die einfach nicht zu den bis dahin bereits entstandenen Bildern passte. Bisweilen brachte sie sogar alles, was sich bis dahin so schön zusammengefügt hatte, wieder in Unordnung.

Ich hätte diese Versuche wahrscheinlich irgendwann aufgegeben, wenn nicht mein eigenes Leben selbst auch genau so verlaufen wäre, dass sich immer wieder nur eine Zeit lang manches zusammenfügte. Zu oft musste ich erleben, dass all das, was ich zu wissen und zu können und damit zu beherrschen glaubte, sich dann doch wieder als Illusion und Trugbild erwies. Ich bin auf dem Land aufgewachsen und hatte mich mit dem Eintritt ins Gymnasium plötzlich in einer großen Stadt zurechtzufinden. Ich habe in der DDR Kindergarten, Schule und Universität besucht, dabei ein bestimmtes Weltbild in Theorie und Praxis eingehend kennen gelernt und musste später, nach meiner Flucht in den anderen Teil Deutschlands, feststellen, dass ich in einer fremden Welt gelandet war. Hier wurde das Leben der Menschen von anderen Welt-, Menschen- und Feindbildern bestimmt. Diese Wechselbäder habe ich überstanden, ebenso wie noch so manch andere Begegnung mit Vorstellungen und Ideen, die mir zunächst fremd waren. Nach wie vor bin ich davon überzeugt, dass es nicht nur möglich, sondern immer wieder notwendig ist, Brücken zu bauen, die das scheinbar Getrennte miteinander verbinden. Ich weiß aber auch, dass das nicht geht, solang man allzu sehr an den einmal gewonnenen eigenen Vorstellungen und Überzeugungen klebt. Dann wird es unmöglich, sich in andere Menschen hineinzuversetzen und deren Vorstellungen und Überzeugungen nachzuempfinden. Dann hat man auch keine Lust, nach etwas zu suchen, das all diese verschiedenen Vorstellungen davon, worauf es im Leben ankommt, letztlich doch wieder verbindet. Dass es so etwas geben müsse, davon war ich schon als Kind überzeugt. Ohnehin scheinen kleine Kinder bei diesem Puzzlespiel den Erwachsenen irgendwie überlegen zu sein. Erst wenn diese Kinder größer werden, lernen sie, dass vieles, das in der Welt der Erwachsenen geschieht, nicht so recht zusammenpasst. Manche finden sich damit ab und fragen nicht länger, warum dies und das so sein muss, wie es ist; andere aber fragen doch. Ich gehöre wohl eher zu den Letzteren.

Bei meiner Suche nach den Ursachen für die vielen Probleme, die das Zusammenleben von Menschen so schwer machen, bin ich immer wieder darauf gestoßen, dass das, was nicht so recht zusammenpasst, nicht die Menschen sind, sondern die zum Teil recht unterschiedlichen, oft sogar sehr widersprüchlichen und gänzlich unvereinbaren Vorstellungen und Überzeugungen, die sie im Kopf haben. Es gibt Idealisten und Materialisten, Gläubige und Ungläubige, solche, die sich am Althergebrachten orientieren, und solche, die alles, was neu ist, für einen Fortschritt halten. Es gibt Nationalisten und Internationalisten, Globalisierungsbefürworter und Globalisierungsgegner, sogar solche, die bereit sind, für ihre Ideen in den Krieg zu ziehen, und solche, die jeden Krieg aus Überzeugung ablehnen. Es gibt Naturwissenschaftler, die glauben, dass nur das existiert, was sie mit ihren Methoden nachweisen können, und es gibt Geisteswissenschaftler, die diese Haltung als kleinkariert und anmaßend abtun. Es gibt so ziemlich alles, was man sich an gegensätzlichen Auffassungen nur vorstellen kann, aber einen gemeinsamen Namen für das, was Menschen dazu bringt, so zu denken, zu fühlen und zu handeln, wie sie das nun einmal tun, gibt es nicht. Manchmal nennen wir es Ideen und Vorstellungen, manchmal Überzeugungen und Haltungen, manchmal Traditionen und Überlieferungen, manchmal auch Glaubensbekenntnisse oder einfach nur puren Blödsinn.

Für mich als Hirnforscher verbirgt sich hinter all diesen unterschiedlichen Bezeichnungen für das, was Menschen antreibt und sie dazu bringt, ihr Leben auf eine bestimmte Weise zu gestalten, immer das Gleiche: Es sind in den Gehirnen dieser Menschen in Form hochkomplexer Nervenzellverschaltungen herausgeformte, ihr Denken, Fühlen und Handeln bestimmende Muster, also im Lauf des Lebens erworbene und im Gehirn verankerte Verschaltungsmuster zwischen den Nervenzellen. Immer dann, wenn eine solche Verschaltung aktiviert wird, entsteht ein bestimmtes Erregungsmuster, das sich auf andere Bereiche ausbreiten und auf diese Weise das Denken, Fühlen und Handeln eines Menschen in eine bestimmte Richtung lenken kann. »Rückgriff auf handlungsleitende, Orientierung bietende innere Muster« wäre also die beste Bezeichnung für das, was Menschen dazu bringt, genau so zu denken, zu empfinden oder zu handeln, wie sie das nun einmal immer dann tun, wenn diese inneren Muster aktiviert werden.

Wenn Psychotherapeuten sich darum bemühen, die bisherigen Überzeugungen, Haltungen und Einstellungen eines Menschen zu verändern, so arbeiten sie an diesen inneren Mustern und versuchen sie umzuformen. Therapeuten versuchen, andere Menschen in die Lage zu versetzen, Sicherheit bietende innere Bilder wachzurufen, wenn Angst erzeugende Bilder übermächtig und damit denk- und handlungsbestimmend zu werden drohen. Und sie versuchen, zu eng und übermächtig gewordene innere Bilder, die das Denken, Fühlen und Handeln eines Menschen in immer enger werdende Sackgassen leiten, wieder zu öffnen, aufzulösen, weiter und lockerer zu machen.

Schriftsteller, Künstler und viele andere Menschen, die ihre Erfahrungen an andere weitergeben, bemühen sich ebenfalls darum, neue innere Bilder zu erzeugen, und erreichen bisweilen, dass sich der Blick derer, die ihre Bücher oder Gedichte lesen und ihre Bilder oder Skulpturen betrachten, weitet und verändert, dass die inneren Bilder der Leser und Betrachter wieder lockerer und offener werden. In gewisser Weise tun das Gleiche auch Wissenschaftler, und zwar sowohl Natur- wie auch Geisteswissenschaftler, wenn sie anderen Menschen mit ihren Erkenntnissen vor Augen führen, dass das Bild, das diese sich bisher von der Welt oder vom Menschen gemacht haben, noch zu eng und zu beschränkt war, um all das zu fassen, was dort draußen, zwischen ihnen und in ihnen geschieht.

Nun bin ich aber selbst (Natur-)Wissenschaftler und kenne daher nur allzu gut die Argumente, mit denen sich jeder exakte Wissenschaftler gegen die Verwendung eines so unpräzisen, »schwammigen« Begriffes wie dem eines inneren Bildes wehren muss. Wenn die Begrifflichkeiten verschwimmen, verschwimmen auch die Grenzen, innerhalb derer geprüft werden kann, ob eine Beobachtung oder eine Entdeckung gültig, also »wahr« ist. Aber ebenso gut weiß ich als Biologe und Hirnforscher, dass man, um zu neuen Erkenntnissen zu gelangen, genau das tun muss: Grenzen überspringen. Nicht nur Grenzen des bisherigen Denkens, also der bisher zugrunde gelegten Vorstellungen (der inneren Bilder) davon, was als wissenschaftlich betrachtet wird, sondern auch all jene Grenzen, die zwischen den unterschiedlichen Wissenschaftsdisziplinen entstanden sind und den Austausch von Erkenntnissen verhindern.

Genau aus diesem Grund, nämlich um über den Tellerrand verschiedener Einzeldisziplinen hinausschauen und nach Gemeinsamkeiten auf allen Ebenen der Organisation des Lebendigen suchen zu können, verwende ich in diesem Buch den Begriff des »inneren Bildes«. Ich benutze ihn zur Beschreibung all dessen, was sich hinter den äußeren, sichtbaren und messbaren lebendigen Phänomenen verbirgt und die Reaktionen und Handlungen eines Lebewesens lenkt und steuert. Alle anderen, auf den ersten Blick präziser erscheinenden Bezeichnungen – Schema, Muster, Information, Programm und so weiter – erweisen sich bei näherer Betrachtung als entweder ebenso schwammig oder sind im Sprachgebrauch einzelner Teildisziplinen bereits ebenso besetzt wie der Begriff des inneren Bildes in der Psychotherapie.

Ausschlaggebend ist aber für mich ein anderes Argument: *Inneres Bild* ist ein lebendiger Begriff, der von den meisten Menschen (auch ohne besondere wissenschaftliche Vorbildung) mit dem eigenen Erfahrungsschatz verknüpft und daher leicht verstanden werden kann. Wer einmal auf diese Weise, gewissermaßen aus sich selbst heraus zu ahnen beginnt, was seine inneren Bilder sind, der wird nicht wieder aufhören können, danach zu suchen, wie die inneren Bilder anderer Menschen beschaffen sind. Er wird sich fragen, ob auch Tiere, vielleicht sogar einzelne Zellen solche inneren, handlungsleitenden Muster besitzen und wo sie herkommen. Vielleicht wird er sich, ähnlich wie ich – nur eben mit seinen speziellen Erfahrungen und seinem Wissen und seinen Kenntnissen – aufmachen, um die Welt der inneren Bilder zu erkunden und deren Herkunft und deren Macht zu begreifen versuchen. Und wie immer, wenn sich jemand auf eine solche Reise begibt, wird er als ein anderer zurückkehren, mit neuem Wissen und neuen inneren Bildern.

Ich lade Sie also ein, mich auf meiner Reise durch die Welt der inneren Bilder zu begleiten. Streckenweise kann das eine bisweilen auch etwas beschwerliche Reise werden, denn sie führt von den Anfängen des Lebens bis in unsere heutige Zeit. Zwar beginnen wir diese Reise dort, wo wir noch am besten zu Hause sind (oder doch sein sollten), in der Bilderwelt in unserem Kopf. Aber sie führt uns schnell in die Entstehungsgeschichte dieser inneren Bilder zurück, bis zu den ersten Lebewesen, und dann wieder zur gemeinsamen Bilderwelt ganzer menschlicher Gemeinschaften. Am Ende werden Sie merken, dass es bei dieser Reise nicht darum geht, zu verstehen, wie das Hirn funktioniert, sondern darum, sein Hirn zu benutzen, um zu verstehen, wie das Leben funktioniert, oder besser: Wie schön und kostbar es ist, eine Zeit lang lebendig zu sein.

Kommen Sie mit und verzweifeln Sie nicht, wenn es unterwegs bisweilen holpert. Es ist eben ein noch nicht ganz fertiges Puzzle, durch das diese Reise führt …

2. Bilder, die das Leben zeichnet

Ein warmer Sommertag am See geht zu Ende. Rotglühend versinkt die Sonne weit draußen im Wasser. Hier und dort tanzt ein Mückenschwarm im Schatten der Uferweiden. Vergeblich versuchen einige Wasserläufer die spiegelnde Oberfläche des Sees mit ihrem hektischen Gerenne zu zerkratzen. Im Schilf singt ein Teichrohrsänger sein geschwätziges Lied. Die Seerosen schließen bereits ihre Blütenköpfe und machen sich fertig für die Nacht. Auf einem ihrer schwimmenden Blätter sitzt ein kleiner Frosch. Er wartet noch auf sein Abendbrot. Obwohl seine großen Augen weit geöffnet sind, sieht er so gut wie nichts von alldem, was um ihn herum geschieht. In seinem kleinen Sehzentrum im Gehirn entsteht nur dann ein für ihn erkennbares Bild, wenn sich draußen etwas bewegt, am besten direkt vor seiner Nase, in Reichweite seiner Zunge. Wenn das auch noch die richtige Größe hat, gibt sein Gehirn das Kommando zum Zuschnappen. Der Rest geht dann blitzschnell: Zunge raus, Zunge rein und weg ist die Fliege.

Blind für die bezaubernde Schönheit dieses Sommerabends sind auch die beiden Landvermesser, die eben ihre Karten und Gerätschaften zusammenpacken und sich auf den Heimweg machen. Für heute ist Feierabend. Morgen, so hoffen sie, wird die Kartierung des Ufergeländes abgeschlossen sein. Dann sollen die Erdarbeiten für die Umgestaltung des Geländes zu einem Freizeitpark beginnen. Der staubige Feldweg, der um den See führt, wird dann mit einer glatten Asphaltdecke bedeckt. Der junge Mann, der hier noch eben in der Abendsonne eine Runde mit seinem Fahrrad dreht, wird sich darüber freuen. Keuchend saust er am Ufer entlang. Auch er sieht weder die Frösche noch die Wasserläufer. Er muss sich beeilen, denn bald wird es dunkel, und dann sieht er gar nichts mehr. Verirren wird er sich deshalb nicht, denn diesen Weg ist er schon oft genug gefahren. Hier ist er zu Hause, hier kennt er sich aus. In seiner Wohnung angekommen, wird er duschen und noch etwas essen, vielleicht noch ein wenig fernsehen und dann früh zu Bett gehen, denn morgen erwartet ihn ein anstrengender Tag. Kaum hat er das Licht ausgeschaltet, beginnen die Bilder des vergangenen Tages noch einmal an ihm vorbeizuziehen. Er fällt in Schlaf und beginnt irgendwann zu träumen. Unbemerkt tauchen in seinem Kopf ganze Bilderwelten auf, mischen sich wild durcheinander und verschwinden wieder, ganz wie es ihnen gefällt. Nur einen letzten Zipfel davon kann er beim Aufwachen am Morgen noch erfassen. Es scheint ihm, als sei er soeben von einer weiten Reise nach Hause geflogen.

2.1 Das Gehirn als Bilder erzeugendes Organ

Wer Augen hat zum Sehen, Ohren zum Hören, eine Nase zum Riechen, Haut zum Fühlen, für den ist die Welt voller Bilder. Allerdings braucht er dazu noch ein Gehirn, und das muss möglichst offen sein für alles, was über die Sinnesorgane dort, in den sensorischen Arealen der Hirnrinde, ankommt. Das in diesen Arealen entstehende, für jeden Sinneseindruck charakteristische Erregungsmuster wird anschließend in assoziative Rindenareale weitergeleitet. Dort führt das neu eintreffende Erregungsmuster zur Aktivierung von älteren, bereits durch frühere Sinneseindrücke herausgeformten und stabilisierten Nervenzellverschaltungen. Durch die Überlagerung beider Erregungsmuster, des neu eingetroffenen mit dem bereits vorhandenen, entsteht dann ein neues, für die betreffende Sinneswahrnehmung spezifisches, erweitertes Aktivierungsmuster. Dieses charakteristische Geflimmer der Synapsen repräsentiert nun als inneres Bild das jeweils neu Wahrgenommene. Aus dem bisher bereits Gesehenen und dem nun noch neu Hinzugekommenen wird so ein bestimmtes inneres »Sehbild«, aus dem Gehörten ein inneres »Hörbild«, aus dem Gerochenen ein inneres »Geruchsbild«, aus dem Ertasteten ein inneres »Tastbild«. Wenn eines dieser Erregungsmuster stark genug ist, um sich auch auf solche Hirnbereiche auszubreiten, die für die Bewertung von im Gehirn erzeugten Erregungszuständen verantwortlich sind, so wird die Aufmerksamkeit der betreffenden Person auf das in den assoziativen Arealen entstandene innere Bild gelenkt: Jetzt erst wird es bewusst wahrgenommen.

Tatsächlich ist das, was auf diese Weise ins Bewusstsein gelangt, nur ein verschwindend kleiner Anteil der vom Gehirn generierten inneren Bilder. Maßgeblich dafür, ob ein Sinneseindruck bewusst wahrgenommen wird, ist auch nicht der Umstand, wie »wahr« er tatsächlich ist, sondern wie (wichtig) er von einer bestimmten Person in einer bestimmten Situation eingeschätzt wird. Im Gehirn wirkt ein entstandenes sensorisches Erregungsmuster umso »mächtiger«, je stärker es sich auf andere Bereiche des Gehirns ausbreiten und die dort normalerweise generierten Erregungsmuster überlagern kann. Das gilt vor allem dann, wenn sich die Erregung auf ältere, tiefer liegende Hirnregionen ausbreitet, deren Nervenzellverschaltungen für die Regulation körperlicher Funktionen zuständig sind. Dazu muss entweder der Sinneseindruck besonders unerwartet, einschneidend oder neuartig sein – wie beim Griff auf die heiße Herdplatte oder beim ersten Kuss – oder das Gehirn muss sich in einem für neue Eingänge ganz besonders offenen Zustand befinden – in freudiger Erwartungshaltung wie beim Start zur ersten Fahrt im Heißluftballon oder vor einer lang ersehnten Kreuzfahrt.

Solche erschütternden oder beglückenden Ereignisse kommen im täglichen Routinebetrieb des Gehirns allerdings nur recht selten vor. Die inneren Bilder, die in solchen emotional aufgeladenen Situationen in Form bestimmter Aktivierungsmuster in den assoziativen Bereichen des Gehirns entstehen, bleiben eng mit dem für die Regulation körperlicher Funktionen zuständigen Aktivierungsmustern in subkortikalen, limbischen Hirnbereichen verbunden und werden deshalb besonders komplex und nachhaltig stabilisiert und durch Bahnungsprozesse strukturell verankert. Es sind Bilder, die nie wieder »aus dem Sinn« gehen, weil sie so sehr »zu Herzen« gegangen sind oder so stark »auf den Magen« geschlagen haben.

Häufiger erreicht ein durch einen Sinnesreiz im Gehirn entstandenes inneres Bild das Bewusstsein allein dadurch, dass es nicht so recht zu dem Bild passen will, das man bereits im Kopf hat. Dazu braucht der neue Sinneseindruck nur besonders neuartig zu sein oder in Verbindung mit anderen Sinneseindrücken aufzutauchen, die bisher in dieser Kombination noch nicht zusammen vorgekommen sind. Jedes Mal, wenn das passiert, wird ein bereits vorhandenes, früher entstandenes Erregungsmuster durch Überlagerung mit dem neu eintreffenden Muster vorübergehend durcheinander gebracht. Bis das neue Bild in das alte Muster integriert ist, herrscht in den betreffenden Bereichen des Gehirns eine gewisse Unruhe. Diese Unruhe breitet sich auf tiefer liegende, subkortikale Zentren aus, die ihrerseits durch die Ausschüttung bestimmter Botenstoffe in der Lage sind, die Erregbarkeit der höheren, kortikalen Nervenzellen zu verändern. Dadurch stellt sich ein Zustand ein, den man »fokussierte Aufmerksamkeit« nennt. Jetzt ist das Gehirn wach und kann das neue Aktivierungsmuster mit dem bereits vorhandenen, älteren Mustern abgleichen und zu einem neuen inneren Bild zusammenfügen. Je häufiger dieses zusammengeflossene Aktivierungsmuster dann anschließend wieder in Erregung versetzt wird, weil derselbe oder ein ähnlicher Sinneseindruck erneut auftritt, desto stärker werden die am Zustandekommen des betreffenden Aktivierungsmusters beteiligten Nervenzellverbindungen gebahnt, gefestigt und stabilisiert. Das neue innere Bild kann dann auch ohne eine äußere sinnliche Wahrnehmung »aus dem Gedächtnis« abgerufen werden.

Etwas ist an all diesen im Gehirn ablaufenden Bilder generierenden und Bilder speichernden Prozessen besonders bemerkenswert: Sowohl für die relativ flache Verankerung eines wahrgenommenen Bildes in der inneren Vorstellungswelt wie auch für die wesentlich tiefer reichende Einbettung eines erlebten

Bildes in die innere Gefühls- und Körperwelt müssen immer schon ältere, früher entstandene innere Muster da sein, an die das neue Muster gewissermaßen angehängt werden kann.

Woher kommen diese alten Bilder? Sicher, sie sind entstanden durch das, was ein Mensch in seinem bisherigen Leben an immer wieder Neuem gesehen, gehört, gerochen oder gespürt und wahrgenommen hat. Im Alter ist weniger Neues hinzugekommen als während der Jugend oder gar während der frühen Kindheit, als ja noch so ziemlich alles neu war. Aber auch das musste ja an irgendwelche Bilder angehängt werden, die schon da waren, auch schon vor der Geburt. Tasten, schmecken und hören kann ein Mensch bereits im Mutterleib, und dass es dort bereits eine ganze Menge zu tasten, zu schmecken und zu hören gibt, daran besteht kein Zweifel. Aber in der Zeit davor, als überhaupt noch kein Sinnesorgan soweit entwickelt war, dass es seine Signale zum Gehirn weiterleiten konnte? Muss es nicht zu diesem Zeitpunkt auch schon irgendwelche charakteristischen Aktivierungsmuster im sich entwickelnden Gehirn des Embryos gegeben haben, an die dann alle später von den erwachenden Sinnesorganen eintreffenden Erregungsmuster angehängt, assoziativ verknüpft werden konnten?

Sicher gab es die, denn lang bevor das Gehirn damit beginnt, sich mit Hilfe der Sinnesorgane ein eigenes inneres Bild von der Beschaffenheit der äußeren Welt zu machen (die ja vor der Geburt eine von der äußeren Welt abgeschirmte innere Welt im Bauch der Mutter ist), wird es bereits mit einer Fülle von Veränderungen konfrontiert. Die kommen allerdings weniger von außen, sondern vielmehr von innen. Sie entstehen während der Entwicklung des Gehirns allein dadurch, dass durch die fortwährende Teilung von Nervenzellen und das Auswachsen von Fortsätzen ständig zum bereits Vorhandenen etwas Neues hinzukommt. Die jeweils neu gebildeten Zellen werden in das bereits entstandene Gefüge der bisher gebildeten Nervenzellen eingebettet und eingefügt. Das bisher entwickelte Strukturmuster aus Nervenzellen und Fortsätzen wird so zur Matrix, an der sich alle nun noch weiter hinzukommenden Nervenzellen und

Fortsätze ausrichten. Hat sich einmal ein Neuralrohr geformt, so kann daraus nur noch ein immer dickeres rohrförmiges Gebilde und schließlich ein Rückenmark werden. Haben sich im vorderen Bereich dieses Rohrs einmal Gruppen von Nervenzellen zu Ganglien gruppiert, so können daraus nur noch die immer größeren Kerngebiete des sich entwickelnden Gehirns werden. Haben die in Ventrikelnähe dieses Gehirns neu gebildeten Nervenzellen damit begonnen, in die äußeren Bereiche auszuwandern, so können die nachfolgenden Zellen nur noch in die sich dabei nacheinander herausbildenden Schichten der sich formierenden Großhirnrinde einwandern. Das Gleiche gilt für alle von diesen Nervenzellen auswachsenden Fortsätze. Jede neu gebildete Zelle, jeder neu entstehende Fortsatz findet also ein bereits vorhandenes, charakteristisches Strukturmuster vor, das darüber bestimmt, wohin die Zelle wandert oder wohin der Fortsatz weiter auswächst. So organisieren und ordnen sich die Nervenzellen während der frühen Phasen der Hirnentwicklung in bestimmten Gruppen, verbinden sich untereinander auf eine bestimmte Weise mit Fortsätzen und passen ihre innere Organisation immer besser und immer wieder neu an die vorgefundenen und sich ständig in bestimmter Weise verändernden Verhältnisse an. Ihre Anordnung und ihre Beziehungen werden also durch die im Gehirn zu jedem Entwicklungszeitpunkt bereits geschaffenen Voraussetzungen und Bedingungen geprägt. So wird das sich entwickelnde Gehirn – bereits lange Zeit vor der Geburt – zu einem sich fortwährend ergänzenden und vervollständigenden Abbild der Verhältnisse, unter deren Einfluss es sich herauszuformen hat. Und in dem Maß, wie das Gehirn über in das Blut abgegebene Neurohormone oder über periphere Nervensignale selbst Einfluss auf die Ausbildung körperlicher Strukturen und Funktionen nimmt, wird auch der Körper, wird die Ausbildung der verschiedenen Organe und deren Zusammenwirken an die vom Gehirn ausgehenden, dort entstandenen oder erzeugten Muster angepasst. Daher »passt« auch der jeweilige Körper exakt zu dem Gehirn, unter dessen Einfluss er sich entwickelt und strukturiert hat.

Jetzt erst kommt der nächste Schritt: Zu den bisher bereits vorhandenen »Eingängen«, mit deren Hilfe sich das Gehirn ein Bild vom Zustand des Körpers machen konnte, also aus der Zusammensetzung des ankommenden Bluts oder den von Muskeln, Darm und anderen inneren Organen über Nervenverbindungen zum Gehirn weitergeleiteten Signalen, kommen mit der Ausreifung der »echten« Sinnesorgane (Haut, Augen, Ohren, Gleichgewichtsorgan, Nasen- und Mundhöhle) noch weitere Signale im sich entwickelnden Hirn an. Über sensorische Eingänge übertragen sie nun Informationen über Veränderungen der äußeren Welt des sich entwickelnden Embryos. Diese äußere Welt ist aber zunächst noch eine, durch den mütterlichen Organismus abgeschirmte, kontrollierte Welt innerhalb der Gebärmutter. Zu sehen gibt es dort noch nichts. Aber fühlen, hören oder schmecken kann das ungeborene Kind dort schon eine ganze Menge. Tastempfindungen, Geräusche oder der Geschmack (Geruch) des Fruchtwassers werden als charakteristische Impulsmuster über sensorische Nervenbahnen an das Gehirn weitergeleitet. Die in den sensorischen Arealen der Hirnrinde regelmäßig und immer wieder ankommenden Erregungsmuster führen zur Stabilisierung der dabei aktivierten synaptischen Verschaltungen und werden auf diese Weise als innere Bilder im Gehirn des ungeborenen Kindes verankert. Neue Reize, etwa die Veränderung des Geschmacks des Fruchtwassers durch bestimmte Aromastoffe in der mütterlichen Nahrung (z. B. Zimt oder Knoblauch) führen – je häufiger sie auftreten – zur fortschreitenden Erweiterung der jeweiligen inneren Repräsentanzen für die aus den einzelnen Sinneskanälen ankommenden Signale über die Beschaffenheit der äußeren Welt. So lernt das Ungeborene all das kennen, was an Veränderungen bis in seine vom mütterlichen Organismus abgeschirmte und kontrollierte Welt vordringt.

Zum Zeitpunkt der Geburt verfügt jedes Kind daher schon über einen beträchtlichen Schatz an inneren Bildern. Dazu zählen nicht nur die inneren Repräsentanzen und assoziativen Verknüpfungen über die Beschaffenheit all jener Teilaspekte der

Welt, die es bis dahin durch sinnliche Wahrnehmungen bereits kennen gelernt hat. Zu diesem Schatz gehören auch all jene Repräsentanzen, die als charakteristische Verschaltungsmuster bereits lange vor der Geburt in all jenen Bereichen des Gehirns herausgeformt und stabilisiert wurden, die für die Wahrnehmung von Veränderungen innerhalb des eigenen Körpers sowie für die Regulation von Organfunktionen und Stoffwechselprozessen zuständig sind. Dazu zählen Verschaltungsmuster, mit deren Hilfe der Blutdruck, die Sauerstoffsättigung (angeschlossen an das Atemzentrum), der Blutzuckerspiegel, die Ausschüttung von Hormonen und damit die Funktion und das Zusammenwirken innerer Organe gesteuert wird. Aber auch die grundlegenden Verschaltungsmuster für die Koordination und Steuerung zunächst reflexartig funktionierender, später auch willkürlich beeinflussbarer Bewegungen und Handlungen werden bereits vor der Geburt angelegt. Die in den so genannten motorischen Rindenfeldern entstehenden Repräsentanzen zur Steuerung komplexer Bewegungsabläufe müssen dazu in einem komplizierten Prozess erfahrungsabhängigen Lernens mit den sich im sensorischen Kortex ausbildenden Mustern des für spezifische Stellungen und Bewegungen charakteristischen Muskeltonus von Kopf, Rumpf und Extremitäten vernetzt werden. Dieser Prozess der Herausformung komplexer sensomotorischer Verschaltungsmuster zur Steuerung komplizierter Bewegungsabläufe setzt sich noch lang nach der Geburt fort. Im Verlauf dieses Prozesses entstehen immer präzisere und immer genauer aufeinander abgestimmte innere Repräsentanzen ganzer Handlungsabläufe, die als ganzheitliches inneres »Handlungsbild« abgerufen werden, wenn eine komplizierte Bewegung ausgeführt werden soll, etwa beim Fangen eines Balls oder beim Greifen und Zum-Mund-Führen einer Tasse, beim Laufen oder Springen, beim Schreiben und Lesen, und natürlich auch beim Formen von Wörtern und Sätzen, also beim Sprechen.

Ähnlich verhält es sich mit dem Erkennen und Wiedererkennen optischer Eindrücke. Auch diese in der Sehrinde allmählich immer präziser herausgeformten Repräsentanzen entstehen nach der Geburt durch die erfahrungsabhängige Weiterentwicklung und Spezifizierung bestimmter, zum Zeitpunkt der Geburt bereits angelegter und noch sehr einfacher Grundmuster der Anordnung und Verknüpfung all jener Nervenzellverbände, die an der Verarbeitung optischer Eindrücke beteiligt sind. Erst indem das Neugeborene das Gesicht der Mutter immer wieder intensiv betrachtet, entsteht in all jenen Hirnbereichen, die dabei aktiviert werden, ein zunehmend deutlicheres und präziseres inneres Bild dieser Mutter, das dann auch immer besser und sicherer wiedererkannt wird. Im weiteren Entwicklungsverlauf wird dieses durchaus nicht nur in der Sehrinde lokalisierte, sondern auch mit einer bestimmten Stimme, einem bestimmten Duft, bestimmten Bewegungen der Mutter und den eigenen Erfahrungen und Gefühlen verbundene »ganzheitliche innere Mutterbild« weiter geschärft und gleichzeitig erweitert um all das, was diese Mutter noch so zu bieten hat: Gefühle, die sich in Mimik und Gestik äußern, Fähigkeiten und Fertigkeiten, auch Schwächen und Unvollkommenheiten, die zum Erreichen des eigenen Wohlbefindens nutzbar sind, später wohl auch Grenzen mütterlicher Geduld, die rechtzeitig erkannt und respektiert werden müssen.

Schließlich gehört zu dem Schatz an inneren Bildern, mit dem jedes Kind zur Welt kommt, auch das gesamte Repertoire an inneren Bildern, die immer dann wachgerufen und als handlungsleitende Reaktionsmuster aktiviert werden, wenn es zu einer Bedrohung des inneren Gleichgewichts kommt. Diese für den Notfall bereitgehaltenen Reaktionsmuster reichen von der Aktivierung neuroendokriner Kaskaden zur Kontrolle der Synthese und Ausschüttung von Stresshormonen (hypothalamo-hypophyseo-adrenokortikale Achse, sympathiko-adrenomeduläre Achse) über die Stimulation autonomer, sympathische und parasympathische Nervenbahnen benutzender Reaktionen bis hin zur Aktivierung so genannter Notfall-Handlungen (Flucht, Angriff, Verteidigung, Schreien, Erstarren etc.). Diese Reaktionsmuster sind sehr alt. Man findet sie bei allen Tieren in mehr oder weniger starker Ausprägung. Die ihnen zugrunde liegenden neuronalen Verschaltungsmuster werden bei allen Säugetieren weitgehend identisch und unter dem Einfluss früher genetischer Programmierungen herausgeformt. Das gilt auch für all jene inneren Muster, deren Aktivierung zur Auslösung dieser Notfallreaktionen führt, etwa beim Anblick einer Schlange, bei plötzlich eintretender Dunkelheit oder greller Beleuchtung, beim Alleingelassenwerden oder beim Blick aus großer Höhe. Auch diese, zum Zeitpunkt der Geburt bereits vorhandenen, eine Notfallreaktion auslösenden Verschaltungsmuster können durch spätere Erfahrungen (Reaktionen der jeweiligen Bezugspersonen) entweder abgeschwächt und überformt oder auch noch weiter (bis hin zu phobischen Reaktionsmustern) geschärft und verstärkt werden.

Die wichtigsten Erfahrungen macht jedes Kind als Beziehungserfahrung anhand der von seinen Bezugspersonen bezogenen »Vorbilder«. Sie können seinen Blick weiter öffnen, seine Neugier und seine Lust an der Entdeckung der Welt und seiner eigenen Gestaltungsmöglichkeiten weiter fördern. In ungünstigen Fällen können diese Vorbilder aber auch ihre eigenen Ängste und Unsicherheiten auf das Kind übertragen, seinen Blick verengen und ihm sein Vertrauen und damit seine Neugier und seine Gestaltungslust rauben.

Von allen Lebewesen, die im Lauf der letzten Jahrmillionen auf der Erde entstanden sind, ist der Mensch die einzige Lebensform, der es gelungen ist, einen ständig sich vergrößernden Schatz an selbst entworfenen inneren Bildern über die Beschaffenheit der Welt und über seine eigene Beschaffenheit anzusammeln und von einer Generation zur nächsten weiterzugeben. Und nur der Mensch ist – wenngleich nicht immer, so doch prinzipiell – in der Lage, seine Handlungen auf der Grundlage dieses inneren Bilderschatzes bewusst und vorausschauend zu planen.

Nur wir können uns fragen, woher die inneren Bilder kommen, die unsere Wahrnehmung, unser Denken, Fühlen und Wollen, und damit letztlich unser Handeln bestimmen. Mit

Hilfe unseres Verstandes können wir versuchen, uns ein Bild von dem zu machen, was innere Bilder überhaupt sind, wie sie entstehen und auf welche Weise sie ihre strukturierende Kraft entfalten. Es mag sein, dass wir noch weit davon entfernt sind, dass dieser Versuch auch wirklich gelingt. Möglicherweise ist unser gegenwärtiges Wissen noch immer zu bruchstückhaft, um daraus ableiten zu können, was uns selbst bisher angetrieben und unsere bisherigen Entscheidungen bestimmt hat. Vielleicht fehlt uns aber auch nur der Mut, um den Vorhang aufzuziehen und unser Bewusstsein auf die inneren Bilder zu richten, mit deren Hilfe wir unser bisheriges Leben gestaltet haben. Am leichtesten lässt sich dieser Vorhang öffnen, wenn wir uns zunächst dort umsehen, wo es uns selbst noch nicht all zu sehr betrifft: in der Entwicklungsgeschichte der inneren Bilder.

2.2 Die Entwicklungsgeschichte der inneren Bilder

Wir können nicht wissen, wie die ersten Lebensformen entstanden sind, aber wir können uns vorstellen, welche Fähigkeiten entwickelt werden mussten, damit diese ersten lebendigen Wesen überhaupt entstehen und überleben konnten. Vielleicht waren sie zunächst nichts anderes als durch besonders günstige Umstände, unter besonders günstigen Bedingungen in Gang gekommene Reaktionsketten und -zyklen, also komplexe chemische Reaktionen, die zufälligerweise so zusammenwirkten und aufeinander abgestimmt waren, dass der ganze Prozess gewissermaßen aus sich selbst heraus am Laufen gehalten wurde. Diese ersten chemischen Reaktionssysteme konnten allerdings nicht sehr lang funktionieren. Sie brachen immer dann zusammen, wenn sich die äußeren Rahmenbedingungen oder inneren Voraussetzungen zu verändern begannen, die für das Ingangkommen und den störungsfreien Ablauf dieser rückgekoppelten chemischen Prozesse erforderlich waren.

Zufälligerweise wird es hin und wieder zu einer Anlagerung und Integration weiterer Reaktionsketten und -zyklen in ein solches chemisches Reaktionssystem gekommen sein. Auf diese Weise gewann das ganze Gebilde immer mehr Komplexität. Die in ihm ablaufenden chemischen Prozesse wurden durch vielfältige Rückkopplungen immer besser steuerbar und aufeinander abstimmbar. Dadurch verringerte sich die Anfälligkeit dieses komplexen chemischen Reaktionssystems gegenüber äußeren Störungen, es wurde stabiler und blieb entsprechend länger erhalten. Auf diese Weise müssen die ersten offenen, sich selbst optimierenden und stabilisierenden Systeme entstanden sein. Aber lebendig waren diese Gebilde deshalb noch immer nicht. Nach wie vor konnte das ganze komplizierte chemische Reaktionsgebilde in sich zusammenbrechen, wenn einer der darin ablaufenden chemischen Prozesse durch eine äußere oder innere Störung ins Stottern geriet. Es ging diesem Gebilde voneinander abhängiger chemischer Reaktionen ähnlich wie dem Wellenmuster, das auf der Oberfläche einer gefüllten Teetasse entsteht, wenn man die gesamte Wasseroberfläche mit einer bestimmten Frequenz in Schwingung versetzt, zum Beispiel indem man einen Lautsprecher darüber hängt, der einen bestimmten Ton erzeugt. Dann überträgt sich die Schwingung auf den Inhalt, und auf der Oberfläche entstehen wunderbar filigrane und beeindruckend komplizierte Wellenmuster, so genannte *stehende* Wellen. Sobald aber ein Krümel in die Tasse fällt und auf der Oberfläche schwimmt, so wird das ganze Muster gestört und es herrscht wieder das, was immer herrscht, wenn die Ordnung voneinander abhängiger Prozesse gestört wird: Chaos.

Es hat vielleicht lange gedauert, bis es wirklich dazu kam, aber irgendwann muss es passiert sein: Zufälligerweise muss sich innerhalb eines dieser komplizierten Gebilde eine Reaktionskette herausgebildet haben, die nun ihrerseits in der Lage war, das ganze komplexe Gebilde zunächst teilweise wieder zu ordnen und später sogar vollständig wieder neu aufzubauen, wenn es durch eine Störung durcheinander geraten oder zusammengebrochen war. Damit war der entscheidende Durchbruch geschafft. Aus einem sich selbst organisierenden und stabilisierenden chemischen System war nun ein lebendes System geworden, das in der Lage war, sich selbst zu erhalten und zu reproduzieren. Inzwischen kennen wir die chemische Matrix, die es diesen ersten Lebensformen ermöglicht hat, ihre einmal entwickelte innere Organisation anhand dieses Musters immer wieder neu aufzubauen. Wir wissen auch, wie gut sich die dazu benutzten Nukleinsäuresequenzen für diesen Zweck eignen, wie zuverlässig sich mit ihrer Hilfe Anleitungen für den Aufbau komplexer Reaktionsmuster auch über viele Generationen hinweg übertragen lassen und wie erweiterungsfähig diese Informationsträger für die Verankerung neuer, für das Überleben des von ihnen strukturierten Lebewesens vorteilhafter Reaktionsmuster und Baupläne sind. Aber eines wird uns erst jetzt allmählich bewusst: Was ein lebendes System auszeichnet, ist nicht die Kompliziertheit der in ihm ablaufenden Prozesse, sondern seine Fähigkeit, all diese Prozesse so zu steuern und zu lenken, dass das betreffende System auch noch dann erhalten bleibt, wenn es nach den Gesetzen der Physik oder Chemie eigentlich zerfallen müsste.

Die alte und noch immer weit verbreitete Vorstellung, ein Lebewesen sei lediglich eine besonders kompliziert aufgebaute Form von Materie, die sich mit physikalischen oder chemischen Gesetzmäßigkeiten beschreiben lässt, ist daher für das Verständnis und die Analyse lebender Strukturen unbrauchbar. Lebende Systeme müssen vielmehr als Gebilde betrachtet werden, die in der Lage sind, ganz bestimmte physikalische und chemische Eigenschaften ihrer materiellen Bausteine *zu nutzen*, um anhand eines einmal entwickelten oder von Vorläufern übernommenen inneren Musters ein bestimmtes inneres Beziehungsgefüge aufzubauen und aufrechtzuerhalten. Was also jedes Lebewesen besitzen muss, und was es erst lebendig macht, ist ein in seinem Inneren angelegter Plan, eine seine innere Organisation lenkende und seine Strukturierung leitende Matrix, also ein inneres Bild von dem, wie es sein müsste oder werden könnte.

Aus diesem Grund ist auch jede Weiterentwicklung einer solchen einmal entstandenen Lebensform nur dann möglich, wenn es zu einer Erweiterung, Modifikation oder Neuordnung dieser einmal gefundenen inneren Bilder kommt. Die als Informationsträger zuerst benutzten Nukleinsäureketten boten hierfür optimale Voraussetzungen. Durch Verdopplung bereits entstandener Sequenzen, durch Kettenverlängerungen, durch Mutation und Rekombination ließen sich die einmal entstandenen inneren Bilder auf vielfältige Weise erweitern, abwandeln und ergänzen. So konnten immer neue Bilder erzeugt, im Genom festgehalten und an die jeweiligen Nachkommen überliefert werden. Die meisten dieser neu entstandenen Bilder wurden jedoch für den Aufbau und den Erhalt des betreffenden Lebewesens, also beispielsweise einer Zelle, nicht gebraucht. Sie wurden als modifizierte Kopien der ursprünglichen DNA-Sequenzen sozusagen beiseite gelegt und dienten lediglich als Reservoir noch nicht benötigter und daher auch noch nicht umgesetzter Handlungsanweisungen. Erst dann, wenn sich die inneren oder äußeren Bedingungen des betreffenden Lebewesens so zu verändern begannen, dass das bisher genutzte Spektrum von DNA-Sequenzen nicht mehr ausreichte, um das Überleben der betreffenden Lebensform zu sichern, konnte auf diesen über viele Generationen hinweg angelegten Schatz an inneren Bilder zurückgegriffen und so möglicherweise eine neue Lösung für ein Überleben – vielleicht nicht der erwachsenen Formen, aber möglicherweise ihrer Nachkommen – auch unter diesen neuen Bedingungen gefunden werden.

Über einen sehr langen Zeitraum hinweg blieb das Genom mit den dort abgespeicherten und bereitgehaltenen DNA-Sequenzen die einzige Ebene, auf der die zum Aufbau und zur Erhaltung der unterschiedlichsten Lebensformen benutzten inneren Bilder erzeugt und abgerufen wurden. Durch Erweiterung dieser Nukleotid-Sequenz-Muster konnten immer kompliziertere und immer feiner aufeinander abgestimmte chemische Reaktionen, Reaktionszyklen und Reaktionsketten aufgebaut und gelenkt werden. Auf dieser Grundlage wurde es später möglich, die unterschiedlichsten zellulären Strukturen aufzubauen, zunächst als frei lebende Einzeller und später auch als vielzellige

Organismen. Wie ein Bauplan wurden diese DNA-Muster von Vielzellern benutzt, um das Zusammenwirken und die Anordnung von Zellen während der Embryonalentwicklung zu lenken, um zelluläre Spezialisierungs- und Differenzierungsprozesse innerhalb des Embryos in Gang zu setzen und so zu steuern, dass sich Organanlagen und schließlich funktionsfähige Organe und Organsysteme herausbilden konnten.

Beides, das innere Handlungsmuster und das für diese Umsetzung erforderliche Rüstzeug, wurde von den jeweiligen Vorfahren übernommen und an die jeweiligen Nachfahren überliefert. Bei dieser Überlieferung kam es immer wieder zu Fehlern, so dass sich die von Generation zu Generation weitergegebenen Baupläne allmählich veränderten. Bei all jenen Lebensformen, die sich geschlechtlich fortpflanzen, vermischten sich zudem die vom väterlichen und mütterlichen Organismus an die Nachkommen überlieferten genetischen Programme in einer kaum vorhersehbaren Weise. Von der so erzeugten Vielfalt an genetisch verankerten inneren Bildern blieben jedoch nur diejenigen erhalten, die sich als Vorlagen für den Aufbau eines Organismus eigneten, der nicht nur überlebte, sondern der vor allem auch in der Lage war, diese inneren Bilder selbst wieder an entweder möglichst viele oder an einige wenige, dafür aber besonders überlebensfähige Nachkommen weiterzugeben.

Prinzipiell haben sich beide Überlieferungsstrategien bewährt, um einmal entstandene und in Form bestimmter Nukleinsäuresequenzen gespeicherte innere Bilder über Generationen hinweg zu erhalten und weiterzugeben. All jene Lebensformen, denen die Weitergabe ihrer genetischen Anlagen durch massenhafte Vermehrung gelang, waren allerdings darauf angewiesen, dass ihre Lebenswelt auch weiterhin so blieb, wie sie einmal gewesen war, als ihre inneren Bilder entstanden. Ihre Lebensbedingungen und damit die Voraussetzungen für ihre hohe Reproduktionsrate durften sich nicht verschlechtern. Für die Bewältigung von bisher nicht aufgetretenen Veränderungen, für Not, Dürre, Klimaveränderungen, für die Auseinandersetzung mit neu auftauchenden Fressfeinden oder Nahrungskonkurrenten fehlten ihnen die dafür erforderlichen Voraussetzungen. Sie besaßen keinen ausreichend großen Schatz innerer Bilder, um neuartigen, bedrohlichen Veränderungen ihrer äußeren Verhältnisse entgegenzuwirken oder gar ihre eigenen Lebensbedingungen selbst zu gestalten. Ihre Überlebensstrategie war es, alle vorhandenen Ressourcen zur Steigerung ihrer Reproduktionsrate einzusetzen. Das Mitschleppen von Bildern, die nicht unmittelbar diesem Zweck dienten, war ein Luxus, den sich diese Lebensformen nicht leisten konnten.

Anders verhält es sich mit all jenen Lebensformen, denen es gelungen war, sich nicht in erster Linie durch massenhafte Vermehrung, sondern durch ein immer größer und komplexer werdendes Repertoire an unterschiedlichsten Verhaltensreaktionen und Überlebensstrategien zu behaupten. Durch Vervielfältigung, Abwandlung und Durchmischung genetischer Sequenzen sind ihre inneren Bilder im Verlauf der Evolution zunehmend erweitert, modifiziert und ergänzt und zum Aufbau immer komplexerer vielzelliger Organismen verwendet worden. Am Ende dieser langen Entwicklungsreihe innerer (DNA-)Bilder entstanden schließlich auch solche genetischen Muster, die die Herausbildung eines besonders komplex aufgebauten Organs ermöglichten.

Dieses Organ, das Gehirn, erwies sich selbst wiederum als geeignet, handlungsleitende innere Bilder in Form bestimmter Aktivierungs- und Interaktionsmuster zwischen besonders »interaktionsfreudigen« Zellen zu generieren, diese in Form neuronaler Verschaltungsmuster abzuspeichern und zur Aufrechterhaltung der inneren Ordnung des Gesamtsystems zu nutzen. Mit Hilfe dieses neuen »Bilder generierenden Apparates« wurde es nun auch erstmals möglich, im Lauf des eigenen Lebens gemachte Erfahrungen in Form bestimmter neuronaler und synaptischer Verschaltungen fest zu verankern und zur Bewältigung neuer Probleme und Herausforderungen einzusetzen. Mit Hilfe der Sprache wurden diese handlungsleitenden inneren Bilder später, auf der Stufe des Übergangs zum Menschen, sogar von einer Person zur anderen übertragbar, kommunizierbar. Subjektive Erfahrungen konnten nun auch an andere Individuen weitergegeben, mit den Erfahrungen anderer vermischt, ergänzt und erweitert werden. Auf diese Weise entstand ein ständig wachsender, kulturell tradierter Schatz kollektiver Bilder von im Verlauf der bisherigen Entwicklung einer Gemeinschaft bei der Bewältigung innerer und äußerer Probleme gemachten Erfahrungen. Diese im kollektivem Gedächtnis bewahrten und weitergegebenen inneren Bilder erwiesen sich als mächtige Werkzeuge zur Gestaltung der äußeren Welt (Weltbilder) und der eigenen Entwicklungsbedingungen (Menschenbilder).

Bereits sehr früh haben Menschen offenbar damit begonnen, ihre bloße Vorstellungskraft zu nutzen, um sich ein Bild von der unsichtbaren Kraft zu machen, die die vielfältigen Lebensformen auf der Erde und damit auch sie selbst hervorgebracht hat. Die Überreste dieser frühen Vorstellungen finden sich in Form unterschiedlicher Schöpfungsmythen in allen Kulturen. Überall auf der Erde haben Menschen dieser Kraft einen Namen, oftmals sogar eine konkrete Gestalt gegeben, und immer verbarg sich dahinter das Bild einer geistigen, über alle menschliche Vernunft hinausreichenden, schöpferischen Kraft. Von diesem übergeordneten, alles Sein und Werden beschreibenden Bild wurden alle weiteren Vorstellungen über die beobachtbaren Phänomene und die hinter diesen Phänomenen wirkenden Kräfte abgeleitet. Es wirkte als zentrale Orientierung bietende und Ordnung stiftende Matrix, als Matrix, die das Denken, Fühlen und Handeln der Menschen lenkte und an der sie alle anderen Bilder von der Welt und von sich selbst ausrichteten. Sie nutzten diese Matrix, um ihr individuelles und gemeinschaftliches Leben zu organisieren, um sich selbst und ihr Gemeinwesen zu strukturieren. Dieses zentrale Bild lieferte ihnen auch die Richtschnur, mit deren Hilfe sie die Möglichkeiten – aber auch die Grenzen – ihrer Bemühungen zur Gestaltung ihrer eigenen Lebenswelt ausloteten.

Jahrtausendelang wurde dieses Bild einer vom Schöpfergeist geschaffenen und aufrechterhaltenen natürlichen Ordnung von

Generation zu Generation weitergegeben, und zwar nicht aus Gewohnheit, sondern wegen der Bedeutung, die es für die Menschen als entscheidende, Halt und Orientierung bietende, Ordnung stiftende und bewahrende Kraft besaß: Es war ihre wichtigste Ressource zur Überwindung von Verunsicherung und Angst. Und je besser es einer Gemeinschaft gelang, diese Ressource zu nutzen und zu festigen, desto angstfreier und zuversichtlicher konnten sich die Mitglieder dieser Gemeinschaft allen Bedrohungen entgegenstellen, desto mutiger und unbekümmerter waren sie in der Lage, nach neuen kreativen Lösungen für immer neue Herausforderungen zu suchen.

Nachdem die Menschen erst einmal entdeckt hatten, dass sie selbst imstande waren, die Welt nach ihren Vorstellungen zu verändern und zu gestalten, war es nur noch eine Frage der Zeit, bis das alte Bild einer vom Schöpfergeist geschaffenen und getragenen Weltordnung durch ein neues ersetzt wurde, in dem sie selbst als Entdecker und Gestalter der Welt erschienen. Dieser Vorstellungswandel hat sich in der westlichen Welt seit der Aufklärung und dem Beginn des Industriezeitalters unglaublich schnell innerhalb weniger Generationen vollzogen. Inzwischen ist die alte, Halt bietende Matrix nur noch in Resten vorhanden. Ihre einstige Sicherheit bietende, Orientierung stiftende, ordnende und strukturierende Funktion hat sie für den überwiegenden Teil der Bevölkerung in den hochtechnisierten Industriestaaten weitgehend eingebüßt. Aber das neue zentrale Bild vom Menschen selbst als Schöpfer und Ordnungsstifter konnte bisher nicht leisten, was das alte Bild noch vermochte. Wohl bot es vielen Menschen einen gewissen Halt, aber im Grund nur so lang sie noch erfolgreich waren und es ihnen auf diese Weise immer wieder gelang, dieses Selbstbild zu bestätigen und zu befestigen. Um ihren Halt nicht zu verlieren, sind diese Menschen gezwungen, erfolgreich zu sein.

Aber eine auf den Menschen selbst als Schöpfer und Lenker zentrierte innere Vorstellungswelt hat ein entscheidendes, auch durch fortwährenden Erfolg nicht überwindbares Manko. Weil dieses Bild nicht über den Menschen hinausgeht und auf etwas verweist, das außerhalb dessen liegt, was er selbst ist und kann, bietet es ihm auch keine Möglichkeit, sich an irgendetwas anderem zu orientieren als an dem, was er bereits ist und was er bereits kann. Ebenso wenig wie ein Spiegel, in dem man sich betrachtet, ist dieses Bild in der Lage, brauchbare Orientierungen für die eigene Lebensgestaltung zu bieten. Es gibt keine Antwort auf die Frage, warum man so ist, wie man ist. Es sagt nicht, wie man sein Leben gestalten, wofür man es einsetzen soll, weshalb man überhaupt lebt. Ein inneres Bild, das keinen Sinn stiftet und das dem Menschen keinen Ort der Geborgenheit zeigt, ja noch nicht einmal einen Weg zu einem solchen Ort weist, eignet sich offenbar auch nicht als Orientierung stiftende Matrix für die Zuordnung und Einordnung all der vielen anderen inneren Bilder, die das menschliche Gehirn ständig aus alten Erinnerungen und neuen Wahrnehmungen hervorbringt. Menschen ohne Orientierung bietende innere Leitbilder sind verloren. Um sich in der Vielfalt der auf sie einprasselnden Wahrnehmungen und der von ihrem Gehirn erzeugten Bilderwelten zurechtzufinden, bleibt ihnen am Ende nur eine Möglichkeit: Sie müssen sich wieder stärker auf das verlassen und sich an dem orientieren, was auch schon ihre tierischen Vorfahren durchaus erfolgreich benutzt hatten, um sich im Leben zurechtzufinden. Sie müssen zurückgreifen auf alte, nicht kulturell, sondern biologisch überlieferte und sehr früh im Hirn programmartig herausgeformte neuronale Verschaltungsmuster. Die Aktivierung dieser alten inneren Bilder, entweder in Form früher Kindheitserfahrungen oder in Form angeborener Triebstrukturen und Instinktprogramme, lenkt dann automatisch alle weiteren Entscheidungen und Handlungen. So werden diese alten Bilder, wenn andere nicht mehr oder noch nicht verfügbar sind, zu den entscheidenden Organisatoren des Denkens, Fühlens und Handelns der betreffenden Menschen.

In Ermangelung anderer, über sie selbst und ihre individuelle Existenz hinausreichender Orientierung bietender innerer Leitbilder sind in den hoch entwickelten Industriestaaten immer mehr Menschen gezwungen, auf diese alten, früh geformten oder angeborenen Handlungsmuster zurückzugreifen. Viele der dadurch im 20. Jahrhundert immer stärker zutage tretenden animalischen oder infantilen Verhaltensweisen widersprachen jedoch dem idealisierten Bild vom Menschen, das von den vorangegangenen Generationen entwickelt und weitergegeben worden war. Die daraus resultierende allgemeine Verunsicherung wurde zu einem mächtigen Motor, der mehrere Forschergenerationen antrieb, nach dem zu suchen, was der Mensch eigentlich ist, was ihn ausmacht und wofür er »natürlicherweise geschaffen« ist – objektiv und losgelöst von all den erst von ihm selbst im Geist entworfenen Bildern. Systematisch begannen diese Human- und Biowissenschaftler die Stufenleiter der die Menschen bestimmenden inneren Bilder hinabzusteigen. Von der Ebene der noch schwer messbaren menschlichen Wünsche und Bedürfnisse gelangten sie auf die Ebene der frühen Prägungen, die sich auch schon bei manchen Tieren beobachten und erforschen ließen. Parallel dazu entdeckten sie die Triebe und Instinkte, die auch alle Säugetiere besitzen. Diese ließen sich ihrerseits recht gut aus den einfachen Reiz-Reaktions-Schemata ableiten, die überall dort zu finden sind, wo es überhaupt ein Nervensystem gibt. Auf ihrer Suche nach den Kräften, die die Herausformung der diesen Reaktionen zugrunde liegenden Nervenzellverschaltungen lenken, gelangten die Forscher schließlich auf die unterste Ebene Bilder generierender Systeme: die Gene. Diese die Herausformung bestimmter Merkmale lenkenden Muster wurden in Form von Nukleinsäuresequenzen isoliert, sequenziert, transferiert und exprimiert. Zu Beginn des dritten Jahrtausend war das menschliche Genom weitgehend entschlüsselt. Das große Projekt, der Versuch, mit Hilfe der Naturwissenschaft ein objektives Bild von dem zu zeichnen, was der Mensch wirklich ist, war nun endlich ganz unten angekommen. Die selbst in manchen Tageszeitungen abgedruckten Buchstabenfolgen aus A, T, C und G markierten das Ende einer langen und aufwendigen Suche nach einem Ersatzbild für die zentrale Matrix, die seit dem Beginn der Aufklärung verloren gegangen war.

Die nun entschlüsselten DNA-Sequenzen bieten jedoch keinen geeigneten Ersatz für diesen Verlust. Sie lassen sich einfach nicht zu einem Bild zusammenfügen, das dem Menschen Sicherheit und Orientierungshilfen bieten kann. Vielleicht ist dieses erfolgreich abgeschlossene, im Kern aber letztlich doch gescheiterte Projekt, den Menschen bis in seine letzten Teile zu zerlegen, um ihn auf diese Weise begreifen zu können, auch nur das vorläufige Ende einer noch länger währenden Kreuzfahrt. Die auf allen Ebenen der den Menschen konstituierenden inneren Bilder betriebene Suche nach dem, was der Mensch »objektiv« ist, hat als Beiwerk einen immensen Schatz an neuem Wissen und Erkenntnissen, an neuen Fähigkeiten und Fertigkeiten, an neuen Verfahren und Technologien zutage gefördert. Diese Erfolge stärkten das in der industrialisierten Welt entwickelte und propagierte Bild vom Menschen als ein zum Durchschauen der Schöpfung nicht nur begabtes, sondern auch befähigtes Wesen. Gleichzeitig war dieser neu entstandene Schatz an Knowhow nutzbar – nicht nur zur Optimierung der bisherigen Lebensbedingungen von Menschen, also zur Verbesserung der Nahrungsproduktion oder der medizinischen Versorgung, sondern auch zur »Optimierung« des Menschen selbst. Bisher ungeahnte Möglichkeiten zur Manipulation von Menschen bieten sich nunmehr auf allen Ebenen, auf denen innere Bilder ihre strukturierende Kraft entfalten. Das neue Wissen lässt sich nicht nur auf der Ebene des Genoms zur gezielten Veränderung genetischer Muster im Erbgut des Menschen verwenden. Es ist ebenso gut auch zur Manipulation der auf der Ebene des Gehirns erzeugten inneren Bilder geeignet, etwa durch die gezielte Beeinflussung der Herausformung neuronaler Verschaltungsmuster während der Hirnentwicklung oder durch die gezielte Manipulation des Denkens, Fühlens und Handelns von Menschen durch psychoaktive Substanzen oder andere psychomanipulative Verfahren. Und schließlich lässt sich dieses im 20. Jahrhundert über den Menschen gesammelte Wissen auch einsetzen, um bestimmte Vorstellungen als kollektive Welt- und Menschenbilder in großen Bevölkerungsgruppen zu erzeugen und zu verbreiten und andere, ältere oder unerwünschte Vorstellungen zu unterdrücken oder zu überdecken.

Was sich also seit der Abschaffung des jahrhundertelang tradierten Leitbildes eines über alles menschliche und irdische hinausreichenden schöpferischen Geistes angedeutet hat, ist nun, zu Beginn des 21. Jahrhunderts, greifbare Wirklichkeit geworden: Der Mensch hat sich selbst zum Schöpfer gemacht.

Aber was er zu erschaffen imstande war, blieb auf seltsame Weise hohl und leblos. Es war genauso rückbezogen und auf die Befriedigung biologischer Bedürfnisse ausgerichtet wie die inneren Bildern, an denen sich dieses Schöpfertum orientierte. Der Prozess der Evolution von immer komplexer werdenden inneren Bildern ist an diesem kritischen Punkt der Menschwerdung in eine Krise geraten. Die über mehrere Generationen hinweg vernachlässigte Weitergabe und Weiterentwicklung langfristiger, gemeinsamer Orientierungen hat zu einer tief greifenden Störung des inneren Beziehungsgefüges der Gesellschaft geführt, die sich nun in allen Bereichen des gesellschaftlichen Lebens auszuwirken beginnt.

Auf der Suche nach den Ursachen für diese krisenhaften Entwicklungen finden nun auch verstärkt die Erkenntnisse solcher Wissenschaftsdisziplinen Beachtung, die sich bis dahin weitgehend unbemerkt von der Öffentlichkeit mit Fragen der Entwicklung lebender Systeme, mit der Erforschung von Beziehungsmustern und mit der Analyse von Kommunikationsstrukturen befasst haben. Noch ist diese Suche nach dem Kitt, der einzelne Lebensformen oder auch ganze Gesellschaften zusammenhält, nicht abgeschlossen. Aber es beginnt sich abzuzeichnen, wie dieser Kitt in Form gemeinsamer innerer Bilder auf den unterschiedlichsten Ebenen der Organisation lebender Systeme entsteht.

2.3 Das Leben als Bilder generierender Prozess

Das Leben selbst«, so hatte bereits Konrad Lorenz treffend formuliert, »ist ein erkenntnisgewinnender Prozeß.« All das, was im Lauf der Evolution des Lebendigen an Erkenntnissen gewonnen worden ist, wurde auf unterschiedlichen Ebenen in Form innerer Bilder festgehalten und an die jeweiligen Nachfahren weitergegeben. Das Leben ist also immer auch ein innere Bilder generierender Prozess.

Die für jedes Lebewesen charakteristische innere und äußere Struktur entsteht dadurch, dass seine Bestandteile auf eine bestimmte Art und Weise miteinander in Beziehung stehen. Aufgebaut und aufrechterhalten wird dieses für jedes Lebewesen charakteristische innere Beziehungsgefüge anhand von Vorlagen. Überliefert werden diese Vorlagen oder inneren Bilder auf der Ebene von Zellen in Form bestimmter DNA-Sequenzen, auf der Ebene von Organismen in Form der die Expression dieser DNA-Sequenzen lenkenden Rahmenbedingungen, auf der Ebene des Gehirns durch individuell gemachte Erfahrungen und auf der Ebene menschlicher Gemeinschaften durch kollektiv akzeptierte und transgenerational kommunizierte Regeln, Vorstellungen und Rituale.

Das einmal mit Hilfe dieser inneren Bilder herausgeformte und aufrechterhaltene innere Beziehungsgefüge eines jeden Lebewesens ist mehr oder weniger labil. Jede Veränderung der bisher vorherrschenden äußeren Verhältnisse, die zu einer Veränderung der bisherigen inneren Ordnung und des inneren Beziehungsgefüges eines Lebewesens führt, ist eine Störung, die durch den Rückgriff auf ein zur Beseitigung dieser Störung geeignetes, präformiertes Handlungsmuster beantwortet wird.

Im Prinzip unterscheidet sich das, was eine einzelne Zelle tut, nicht von dem, was ein Mensch oder eine ganze Gesellschaft unternimmt, wenn die innere Ordnung und der Fortbestand dessen gefährdet ist, was sich bisher als eine geeignete Lebensform erwiesen hat: Es werden bewährte, im Inneren bereit gehaltene Bilder wachgerufen und als handlungsleitende Reaktionsmuster, als erinnerte Vorstellungen oder in die Zukunft entworfene Visionen benutzt, um die eingetretene Gefährdung abzuwenden. Ohne den Rückgriff auf solche inneren Bilder ist kein Leben möglich. Deshalb stirbt auch alles, was lebendig ist, sobald es keine eigenen inneren Bilder mehr erzeugen kann, die geeignet sind, seine einmal entstandene Struktur und Ordnung aufrechtzuerhalten. Und deshalb muss auch alles, was lebt, seine inneren Bilder immer wieder ergänzen, neu ordnen und weiterentwickeln, sobald sich die äußeren oder inneren Verhältnisse verändern, unter deren Einwirkung die jeweiligen inneren Bilder entstanden, weiterentwickelt und optimiert worden sind. Zwangsläufig muss daher auch die Entwicklung der Lebensformen auf der Erde Ausdruck der zunehmenden Komplexität der inneren Bilder sein, die diese Formen hervorgebracht haben. Die Evolution des Lebendigen hat also einen Motor: die mit Hilfe ihrer inneren Bilder von den bereits existierenden Lebensformen hervorgebrachten Veränderungen der Welt. Und sie hat eine Richtung: vom Einfachen hin zu immer komplexer werdenden inneren Bildern, von bloßen Handlungsanleitungen zum Überleben hin zu Visionen über die individuelle und kollektive Gestaltbarkeit der Welt.

Diese zuletzt entstandenen kollektiven Bilder erwiesen sich nicht nur als geeignet, die in den Gehirnen der einzelnen Mitglieder der betreffenden Gemeinschaft generierten handlungsleitenden inneren Vorstellungsbilder zu lenken und zu beeinflussen. Mit Hilfe der in einem bestimmten Kulturkreis entstandenen Welt- und Menschenbilder wurde es schließlich auch möglich, die dem Aufbau des Organismus zugrunde liegenden inneren DNA-Bilder gezielt zu verändern und nach eigenem Gutdünken zu manipulieren. Dieser Schritt markiert einen Wendepunkt in der Entwicklungsgeschichte der von lebenden Systemen generierten inneren Bilder: Die auf den höchsten Organisationsstufen entstandenen komplexesten Bilder (kollektive Bilder) sind zur gezielten Manipulation derjenigen Bilder nutzbar geworden, die den Aufbau der inneren Ordnung in den darunter liegenden Organisationsstufen lenken.

Jedes Tier, jede Pflanze, jeder primitive Vielzeller und sogar jeder frei lebende Einzeller und jedes Bakterium ist in der Lage, seine eigenen Lebensbedingungen in gewissem Umfang zu kontrollieren und zumindest teilweise selbst zu gestalten. Unsere krankheitserregenden Bakterien beispielsweise können Stoffe produzieren, die sie vor dem Angriff von Immunzellen schützen. Frei lebende Einzeller können sich mit Hilfe von Geißeln oder Wimpern dorthin bewegen, wo für ihr Überleben und ihre Vermehrung günstigere Bedingungen herrschen. Pflanzen richten ihr Wachstum und die Stellung ihrer Blätter so aus, dass sie genug Sonnenlicht für die Fotosynthese einfangen. Außerdem verfügen sie über unterschiedlichste Tricks, mit deren Hilfe sie verhindern, dass sie allzu sehr von Tieren abgefressen werden. Noch viel größer ist das Repertoire von Strategien, das Tiere zur Nahrungsbeschaffung, zur Abwehr von Feinden oder zur Sicherung ihrer Nachkommenschaft entwickelt haben. Das Spektrum an inneren Bildern zur Lenkung und Steuerung all dieser verschiedenen Leistungen und zur Aufrechterhaltung und aktiven Gestaltung der eigenen Existenzbedingungen ist im Verlauf der Evolution des Lebendigen immer breiter, bunter und reichhaltiger geworden. Aber selbst die in dieser Beziehung am weitesten entwickelten Tiere, die Menschenaffen, sind außerstande, ihre Lebenswelt so effektiv zu kontrollieren und so umfassend zu gestalten, wie das den Menschen im Verlauf ihrer bisherigen Entwicklung gelungen ist. Es gibt heute kaum einen Lebensraum auf dieser Erde, den Menschen nicht erschlossen, kaum eine Ressource, die sie nicht für sich nutzbar gemacht haben. Die von Menschen entwickelten Vorstellungen, Ziele und Visionen und die zu deren Umsetzung eingeschlagenen Strategien und praktischen Lösungen haben die bisherige Lebenswelt fast aller anderen Lebewesen in den letzten Jahrhunderten einschneidend verändert. All jene Lebensformen, denen es nicht rasch genug gelungen ist, ihre starren, genetisch verankerten inneren Bilder an diese neuen, von Menschen gestalteten Lebensbedingungen anzupassen, sind entweder ausgestorben oder in noch verbliebene, von menschlichen Einwirkungen verschonte

Bereiche oder in von Menschen bewusst geschaffene Reservate zurückgedrängt worden. Nur wenige Lebensformen waren in der Lage, ihre inneren Bilder in Form genetisch verankerter Programme oder erworbener Verhaltensmuster an die von Menschen geschaffenen neuen Lebenswelten anzupassen. So ist der Mensch immer stärker zum Gestalter der auf der Erde von lebendigen Wesen entwickelten, genutzten und verbreiteten inneren Bilder geworden.

Dem Menschen ist es mit Hilfe seiner inneren Bilder, seiner Vorstellungen, Ideen und Visionen aber nicht nur gelungen, die von anderen Lebensformen entwickelten, genutzten und verbreiteten inneren Bilder zu verändern. Er hat auch die seine eigene Entwicklung lenkenden inneren Bilder in immer stärkeren Maß verändert. Er hat Kriege geführt und den jeweils Besiegten seinen Stempel aufgedrückt. Die Unterlegenen waren gezwungen, ihre alten Vorstellungen, Rituale und Lebensziele aufzugeben und diejenigen der Sieger zu übernehmen. Wer dazu nicht bereit oder in der Lage war, ist mitsamt seinen inneren Bildern untergegangen. Auf etwas subtilere Weise haben aber auch die jeweils Erwachsenen seit jeher den in die von ihnen geschaffene Welt hineinwachsenden Kindern ihren Stempel aufgedrückt und dafür gesorgt, dass die jeweiligen inneren Bilder von einer (Sieger-)Generation zur nächsten überliefert wurden. Seit der Entwicklung geeigneter Medien in Form von Büchern, Zeitschriften, Rundfunk, Fernsehen und des Internets ist es all jenen Menschen, die mit ihren Vorstellungen, Strategien und Visionen bis dahin besonders erfolgreich waren, auch immer besser gelungen, ihre jeweiligen inneren Bilder zu verbreiten und in den Hirnen einer wachsenden Zahl anderer Menschen zu verankern.

Zu diesen vielfältigen Möglichkeiten zur Beförderung, Überlieferung und Ausbreitung von auf der Ebene des individuellen Gehirns und des kollektiven Bewusstseins verankerten inneren Bildern ist nun eine weitere hinzugekommen: die inzwischen möglich gewordene, gezielte Veränderung der in den genetischen Anlagen verankerten inneren Bilder, und zwar nicht nur derjenigen von anderen Lebewesen, sondern auch der eigenen. Auch hier gab es Vorstufen. Hierzu zählt die gezielte Zuchtwahl, die seit jeher von Menschen zur Herausbildung besonders erwünschter und nutzbarer Merkmale bei Pflanzen und Tieren betrieben worden ist. Hierzu zählt aber auch die gezielte Partnerwahl, die ebenfalls seit jeher, wenngleich selten bewusst, dazu beitrug, dass all jene genetischen Anlagen bevorzugt ausgelesen und an die Nachkommen weitergegeben worden sind, die die Ausbildung von Merkmalen lenkten, die in den Augen der jeweiligen Partner als besonders wünschenswert und attraktiv erschienen. Mit der gezielten Manipulation des menschlichen Erbguts ist es dem Menschen nunmehr zumindest theoretisch möglich geworden, die seine eigene Strukturierung lenkenden inneren Bilder nach seinen eigenen Vorstellungen zu verändern. Damit hat sich der Mensch eine neue, bisher noch nie dagewesene Möglichkeit zur gezielten Veränderung der auf der Ebene seines Genoms bisher entwickelten, genutzten und weitergegebenen inneren Bilderwelt geschaffen. Wie und wozu er diese Möglichkeit nutzt, wird jedoch nicht mehr von einzelnen Menschen bestimmt, sondern von den gemeinsamen Vorstellungen, Zielen und Visionen all derer, die diese Möglichkeit erschlossen und einsetzbar gemacht haben.

Ursprünglich handelte es sich bei den inneren Bildern um nicht mehr als in Form innerer Muster entstandene und verankerte Hypothesen bestimmter Lebensformen über die Beschaffenheit der Welt und über die sich in dieser Welt bietenden Möglichkeiten zur Lebensbewältigung. Jetzt sind die von der am höchsten entwickelten Lebensform generierten Bilder zu deterministischen Instrumenten der Welt- und Selbstgestaltung geworden. Die Folgen dieser Entwicklung sind gegenwärtig noch nicht absehbar.

3. Bilder, die das Sein bestimmen

Dort, wo ich aufgewachsen bin, gab es einen riesigen Obstgarten. Jedenfalls kam er mir damals riesig groß vor. Im Frühling, wenn die Bäume blühten, war der ganze Garten vom Duft der Apfelblüten erfüllt. Wenn der Sommer kam, konnte ich es kaum erwarten, bis die ersten Kirschen reif wurden, denn die süßen saftigen Kirschen mochte ich am liebsten. Die Besten hingen leider ganz oben, wo nur die Stare hinkamen. Die fraßen sie mitsamt den Kernen und sorgten auf diese Weise dafür, dass sich die Kirschbäume in unserer Gegend verbreiteten. Aber die Kirschen, die an diesen wilden Bäumen wuchsen, waren klein und schmeckten bitter. Später zeigte mir mein Großvater, wie man einen solchen Wildkirschenbaum dazu bringt, richtige Kirschen zu tragen, indem man einfach einen Zweig oder eine Knospe eines veredelten Kirschbaumes auf den wilden Baum aufpflanzt.

Wir haben uns damals lange darüber unterhalten, weshalb der Samen eines Obstbaumes allein nicht in der Lage ist, einen Baum hervorzubringen, der selbst wieder richtiges Obst trägt. Der Kirschkern, so meinte mein Großvater, brauche ja eigentlich nur zu wissen, wie ein Kirschbaum gemacht wird, der dann selbst wieder Kirschbäume hervorbringt, mit einem steinernen Gehäuse, das sie schützt, und mit etwas Fleisch darum, damit sie die Vögel fressen und verbreiten. »Ob die Kirschen uns Menschen besonders gut schmecken, ist den Kirschkernen völlig schnuppe«, sagte mein Großvater. »Falls aus einem dieser Kerne aber dann doch zufälligerweise einmal ein Baum hervorgeht, der solche Früchte trägt, wie wir sie mögen, so gelangt das Wissen davon, wie dem Baum das gelungen ist, aber nicht in die Samen seiner Kirschen. Für die ist es nur wichtig, dass die Früchte nach wie vor den Vögeln möglichst gut schmecken. Wenn wir also große, süße Kirschen haben wollen, so müssen wir einen Baum finden, dem es irgendwie gelungen ist, solche Früchte hervorzubringen. Wenn wir dann aus einem Ast oder einer Knospe davon einen neuen Baum ziehen, so bleibt diese Fähigkeit erhalten, denn die Knospen dieses Baums wissen ja, wie große süße Kirschen gemacht werden ...«

»Und die Äpfel, Opa, wie ist es bei den Äpfeln?«, fragte ich, und der Großvater sagte: »Genau so, ohne uns gäbe es keine dicken Äpfel und Birnen, keine saftigen Pflaumen, auch keine großen duftenden Rosen. Genau genommen gäbe es so gut wie nichts von alledem, was wir in unseren Gärten und auf unseren Feldern anbauen. Die Kartoffeln machen es uns leicht, da können wir gleich diejenigen Knollen aussuchen und im nächsten Jahr in die Erde pflanzen, die uns am besten schmecken. Bei vielen Pflanzen ist es uns sogar gelungen, das Wissen davon, wie sie wachsen müssen, damit sie oder ihre Früchte so werden, wie wir sie haben wollen, in den Samen zu bringen. Dann brauchen wir nur noch dafür zu sorgen, dass die betreffenden Pflanzen auch alles vorfinden, was sie zur Entfaltung dieser Anlagen brauchen. Auf einem Unkrautacker kann kein großer Blumenkohl wachsen.«

»Und die Tiere, Opa, haben wir die Tiere auch selbst gemacht?«, fragte ich weiter. Geduldig erklärte mir der Großvater, wie es mit den Tieren war, warum wir die einen so, die anderen aber so haben wollten, und wie wir es mit viel Mühe geschafft haben, dass sie am Ende auch wirklich so geworden sind, wie wir uns das vorgestellt hatten: Hunde, Pferde, Rinder, Schafe, Katzen, Vögel für jeden nur erdenklichen Zweck und jeden noch so ausgefallenen Geschmack.

»Und die Menschen, Opa, haben wir uns denn selbst auch so gemacht, wie es uns gefiel?«, fragte ich weiter. Aber da meinte der Großvater, es sei jetzt an der Zeit, endlich heimzugehen.

3.1 Bilder formen lebendige Strukturen

Eine einzelne Zelle ist ein lebendiges Wesen. Ein Pilz, eine Pflanze oder ein Tier auch. In Wirklichkeit sind diese Lebensformen aber aus vielen Zellen zusammengesetzt, die miteinander in einer besonderen, voneinander abhängigen Beziehung stehen. Sie alle zusammen formen das jeweilige lebendige Wesen, das wir dann als Hefeteig oder Fliegenpilz, als Brennnessel oder Gänseblümchen, als Schnecke oder Schimpanse, als Indianer oder Chinese bezeichnen. Wenn viele Pflanzen zusammenstehen, bilden sie eine Wiese oder einen Wald. Aber eine Wiese oder einen Wald bezeichnen wir normalerweise nicht als ein Lebewesen, ebenso wenig wie einen Schwarm Fische oder ein Rudel Wölfe. Selbst dann, wenn viele Lebewesen derselben Art so eng zusammenleben und zusammenwirken und in so hohem Maß voneinander abhängig sind, dass sie, ähnlich wie die einzelnen Zellen eines Vielzellers, gar nicht mehr allein überleben könnten, betrachten wir das Gebilde, das sie alle zusammen hervorbringen, dennoch nicht als ein eigenständiges lebendiges Wesen, egal, ob es sich dabei um einen Bienen-, Ameisen- oder Termitenstaat handelt, um eine Affenhorde oder um eine menschliche Gemeinschaft. Weshalb wir das so machen, ist schwer einzusehen. Logisch ist es nicht. Es mag damit zusammenhängen, dass unsere begrifflichen Vorstellungen für all das, was wir heute als »Lebewesen« bezeichnen, zu einer Zeit entstanden sind, als die Menschen noch keine Ahnung davon hatten, dass jeder dieser Organismen selbst wieder aus einer Vielzahl kleinerer Lebewesen, also Zellen, gebildet wird. Aber obwohl wir das inzwischen besser wissen, widerstrebt es uns doch, nun auch all jene Gebilde, die viele Organismen zusammen hervorbringen und in die sie alle als Einzelne eingebettet sind, als Lebewesen zu bezeichnen. Das gilt vor allem für das von uns selbst geformte Gebilde einer menschlichen Gemeinschaft. Es fällt uns schwer, uns einzugestehen, dass wir von dieser Gemeinschaft letztlich ebenso in bestimmter Weise geprägt und zu bestimmten Spezialisierungen gezwungen werden, wie die Zellen eines vielzelligen Organismus. Wie diese sind auch wir abhängig von den Erfordernissen, die sich innerhalb dieses größeren, von uns geformten Gebildes zwangsläufig ergeben, und wie bei den vielzelligen Lebewesen bleibt die einmal entstandene Gestalt dieses Gebildes, wie von unsichtbarer Hand gesteuert, erhalten, obwohl doch immer wieder einzelne Zellen oder in unserem Fall einzelne Menschen neu hinzukommen und dafür andere vergehen.

Was aber ist diese unsichtbare Kraft, die unser gesellschaftliches Gemeinwesen zusammenhält und die darüber bestimmt, welche Formen es annimmt und in welche Richtungen es sich weiterentwickelt? Wie ist diese strukturierende Kraft beschaffen und woher kommt sie? Das sind schwierige Fragen. Leichter lassen sie sich beantworten, wenn man zunächst bei den einfacheren Lebensformen nach entsprechenden Antworten sucht. Eine Zelle beispielsweise wird nicht davon zusammengehalten, dass sie mit ihren Bestandteilen von einer Haut, der Zellmembran umgeben ist. Dass sie nicht auseinander fällt, verdankt sie dem Umstand, dass all diese Teile im Inneren einer Zelle, also der Zellkern, die Mitrochrondrien, Ribosomen, Lysosomen, der Golgi-Apparat oder das endoplasmatische Retikulum, nur gemeinsam funktionieren können, also ganz voneinander abhängig sind. Aber diese wechselseitige Abhängigkeit der Einzelteile einer Zelle ist ebenso wie die sie umschließende und von der äußeren Welt abgrenzende Zellmembran lediglich die Voraussetzung dafür, dass eine Zelle funktionieren kann. Wo aber ist die strukturierende Kraft, die das Zusammenwirken der Einzelteile aufeinander abstimmt und die Reaktionen des ganzen Gebildes auf existenzgefährdende oder existenzsichernde Veränderungen der äußeren Verhältnisse lenkt und bestimmt? Auf was greift diese Zelle zurück, wenn es draußen unwirtlich wird und ihre innere Organisation bedroht ist, wenn Signale von draußen anzeigen, dass sich die Lebensbedingungen zum Guten oder zum Schlechten zu verändern beginnen? Einer einzelnen Zelle geht es in solchen Situationen nicht anders als uns. Sie greift zurück auf Erfahrungen, die sie oder ihre Vorfahren in solchen oder ähnlichen Situationen gemacht hat. Diese Erfahrungen sind als innere Bilder in Form bestimmter Nukleinsäuresequenzen im Zellkern angespeichert. Sie können als überlieferte Handlungsmuster abgerufen und benutzt werden, um die Reaktionen und Leistungen oder auch die Struktur und die innere Organisation von Zellen an neue Erfordernisse anzupassen und ihr Überleben zu sichern.

Ein anschauliches Beispiel hierfür bieten freilebende Einzeller, die im Sommer massenhaft in jedem Tümpel herumschwimmen. Wenn der Tümpel auszutrocknen beginnt, geraten sie in Not. Ihr Stoffwechsel funktioniert nun nicht mehr so wie bisher. Bestimmte Stoffe werden vermehrt gebildet oder können nur unzureichend abgebaut werden. Diese Substanzen reichern sich im Innern der Zellen an, und manche davon gelangen auch in den Zellkern. Dort kommt es unter dem Einfluss dieser Stoffe zu einer Veränderung der Genexpression, bestimmte DNA-Sequenzen können jetzt vermehrt abgelesen werden, andere weniger und manche überhaupt nicht mehr. Durch diesen veränderten Abruf der im Zellkern bereitgehaltenen inneren Bilder kommt es zu Stoffwechselumstellungen, die tief greifende Veränderungen der bisherigen Struktur und Funktion dieser Einzeller auslösen: Sie hören auf, sich weiter zu teilen, und beginnen sich abzukapseln. So gelingt es diesen Zellen, sich vor weiterer Austrocknung zu schützen und gegebenenfalls auch eine längere Trockenzeit zu überleben. Wenn es irgendwann wieder zu regnen beginnt, erwachen sie zu neuem Leben, ihr Stoffwechsel kommt allmählich wieder in Gang, und es werden nun all jene Gensequenzen erneut aktiviert, die vorher abgeschaltet waren. Wenn alles wieder optimal funktioniert, setzt auch die Zellteilung wieder ein.

Mit einem ähnlichen Rückgriff auf im Zellkern bereitgehaltene innere Bilder reagieren auch die ersten, noch sehr primitiven Vielzeller auf bedrohliche Veränderungen ihrer Lebensbedingungen. Ein Schleimpilz beispielsweise besteht aus vielen gleichartigen Zellen, die aneinander haften und ein schleimartiges Gebilde formen. So lange alle Zellen noch optimale Bedingungen für Wachstum und Zellteilung vorfinden, wird der Schleimpilz immer größer. Beginnen sich diese Bedingungen für einzelne Zellen in bestimmten Bereichen dieses Gebildes jedoch zu verschlechtern, zum Beispiel weil die Nährstoffe knapp werden, so verändert sich deren Stoffwechsel in einer charakteristischen Weise, was dazu führt, dass in diesen Zellen nun eine Substanz vermehrt entsteht und abgesondert wird. Die benachbart liegenden Zellen beginnen dann automatisch ebenfalls mehr von dieser Substanz zu produzieren, so dass in kurzer Zeit der gesamte Schleimpilz von diesem Stoff innerlich durchflutet wird. Übersteigt die Konzentration dieses »Signalstoffs« einen kritischen Wert, so werden in den Zellkernen der betreffenden Zellen die bisher zur Steuerung von Wachstum und Vermehrung genutzten DNA-Sequenzen abgeschaltet. Dafür wird nun ein für die Bewältigung von Notlagen bereitgehaltenes, genetisch verankertes Handlungsmuster aktiviert. Von außen sieht man, wie sich das ganze schleimige Gebilde zusammenzuziehen beginnt. In der Mitte entsteht ein langer Stiel. An dessen Spitze bildet sich eine kugelförmige Sporenkapsel. Das Ganze sieht nun aus wie ein Miniaturfernsehturm. Wenn die Kapsel aufplatzt, werden die darin enthaltenen, abgekapselten Zellen als Sporen freigesetzt und vom Wind verweht. Gelangt eine dieser Sporen an einen für weiteres Wachstum günstigen Ort, so wird das alte Programm für Wachstum und Vermehrung wieder reaktiviert. Innerhalb weniger Stunden entsteht dann ein neuer Schleimpilz.

Es hat lang gedauert, bis aus den ersten Schleimpilzen richtige vielzellige Organismen und am Ende sogar so komplizierte Wesen wie Regenwürmer, Schmetterlinge oder gar Menschen entstanden sind. Aber die entscheidende Erfindung hatten die Schleimpilze bereits gemacht: Ihnen war es nicht nur gelungen, einen hinreichend klebrigen Kitt zu entwickeln, um die einzelnen Zellen nach der Teilung zusammenzuhalten. Sie hatten vor allem einen Mechanismus gefunden, mit dessen Hilfe jede Zelle dieses Verbands in der Lage war, einer anderen, benachbarten Zelle etwas mitzuteilen. Durch die Absonderung eines bestimmten Stoffwechselprodukts konnte eine Zelle eine andere Zelle über eine bedeutsame Veränderung der äußeren Welt in Kenntnis setzen. Und durch die Wirkung dieses Signalstoffs wurden die benachbarten Zellen sogar dazu gebracht, auf eine äußere Veränderung zu reagieren, von der sie selbst noch gar nicht betroffen waren. Der abgesonderte Stoff diente somit als Symbol für etwas Wichtiges und Bedeutsames, das anderen benachbarten Zellen zugestoßen war. Seit dieser großartigen Erfindung einer stofflich kodierten Symbolsprache durch die ersten Vielzeller haben deren Zellen immer feinere und genauere Mechanismen gefunden, um sich mit Hilfe derartiger »Botenstoffe« zu unterhalten und sich ein Bild von all dem zu machen, was die Produzenten der jeweiligen Botschaften in immer weiter entfernt liegenden Bereichen eines vielzelligen Organismus bewegt, stört oder bedroht. Bis heute können diese Sprache jedoch nur diejenigen sprechen und verstehen, die direkte Abkömmlinge derjenigen Zellen sind, die diese Symbolsprache entwickelt und die dafür erforderlichen Voraussetzungen in ihrem Genom verankert haben. Nur die aus einer solchen Urzelle (einer Stammzelle oder einer befruchteten Eizelle eines vielzelligen Organismus) hervorgegangenen Tochterzellen können die in dieser Sprache vermittelten Signale deuten und entsprechend darauf reagieren.

Die im Zellkern abgespeicherten DNA-Sequenzen allein sind als innere Bilder für den Aufbau eines vielzelligen Organismus jedoch noch nicht ausreichend. Sie liefern lediglich ein bestimmtes Repertoire an »Wörtern« und »grammatikalischen Regeln« für den Aufbau dessen, was eine Zelle ausmacht und was diese in die Lage versetzt, mit anderen Zellen auf eine bestimmte Weise in Beziehung zu treten. Der komplette Zellkern enthält bereits wesentliche komplexere Bilder. Aber auch er kann diese Bilder nicht allein lesen und umsetzen. Dazu ist nur eine intakte Zelle imstande, die das zur Realisierung dieser genetischen Anlagen erforderliche Repertoire an Mechanismen besitzt. Bei höher entwickelten Organismen ist das eine befruchtete Eizelle. Je komplizierter der Aufbau und die innere

Organisation des daraus hervorgehenden vielzelligen Organismus beschaffen sind, desto stärker ist die Entwicklung der aus dieser Eizelle hervorgehenden Tochterzelle von der Aufrechterhaltung bestimmter Rahmenbedingungen abhängig. Keine befruchtete menschliche Eizelle oder eine sonstwie als Urzelle für die Ausbildung eines Menschen geeignete Zelle kann das, was sie an inneren Bildern mitbringt, auf einer grünen Wiese oder im Reagenzglas verwirklichen. Innerhalb der normalerweise im Uterus herrschenden Rahmenbedingungen geraten einzelne Zellen des durch Teilung der Eizelle entstandenen embryonalen Zellverbands zwangsläufig in ein Bedingungsgefüge, das es ihnen ermöglicht, bestimmte Leistungen stärker zu entwickeln und die dafür erforderlichen DNA-Sequenzen intensiver zu nutzen als andere. Indem sie ihren Stoffwechsel an die jeweils vorgefundenen unterschiedlichen Bedingungen, beispielsweise im inneren oder äußeren Bereich des embryonalen Zellhaufens anpassen, erzeugen sie selbst wieder bestimmte Signal- und Botenstoffe, die ihrerseits wieder andere Zellen zu bestimmten Leistungen zwingen. So werden in den Zellkernen mancher Zellen bestimmte DNA-Sequenzen kaum noch benutzt und sind über kurz oder lang auch nicht mehr abrufbar. Andere Sequenzen werden für bestimmte Leistungen besonders intensiv abgelesen. Sie lassen sich dann nur noch schwer für andere Zwecke einsetzen. Auf diese Weise verlieren die sich in den verschiedenen Bereichen des Embryos entwickelnden Zellgruppen ihre ursprüngliche Fähigkeit, auf alle von der befruchteten Eizelle übernommenen inneren Bilder zurückzugreifen. Sie können fortan nur noch zu immer spezielleren Haut-, Knochen-, Nieren- oder Muskelzellen werden und bilden die entsprechenden Organanlagen innerhalb des Embryos. Über die Zusammensetzung des Cocktails der von anderen Zellen erzeugten Signalstoffe erfahren sie gewissermaßen, wo sie sind und wie es anderen Zellen in anderen Bereichen des Embryos geht. Sie können auf charakteristische Veränderungen dieser stofflichen Signale mit dem Abruf der dazu passenden inneren Bilder in Form bestimmter DNA-Sequenzen reagieren. Gleichzeitig teilt jede embryonale Zelle mittels der von ihr produzierten Signalstoffe ihren Nachbarzellen ständig mit, wie es ihr geht und womit sie gegenwärtig beschäftigt ist. Auf diese Weise erfährt zwar nicht jede Zelle alles, was innerhalb des sich entwickelnden Embryos geschieht, aber jede ist zumindest über all das informiert, worauf es im weiteren Entwicklungsverlauf besonders ankommt, und kann sich »ein Bild davon machen«, worauf sie besonders zu achten hat und welche ihrer noch verfügbaren inneren Bilder in Form bestimmter DNA-Sequenzen sie verstärkt abrufen muss, wenn die Bedingungen, in die sie bisher hineingewachsen ist, sich zu verändern beginnen.

Das gilt auch für diejenigen Zellen, die sich von Anfang an in besonderer Weise darauf spezialisiert haben, bestimmte Signalstoffe zu erkennen und das betreffende Signal über lange Fortsätze an andere Zellen weiterzuleiten. Keine der Milliarden neu gebildeten Nervenzellen im künftigen Gehirn »weiß«, wann sie aufhören muss, sich zu teilen, wohin sie anschließend zu wandern und ihre Fortsätze auszuwachsen hat, mit welchen anderen Nervenzellen sie Verbindung aufnehmen und Synapsen ausbilden soll. Ihr genetisches Programm versetzt sie lediglich in die Lage, sich zu teilen, solange die äußeren Bedingungen dafür günstig sind, entlang bestimmter Signalstoffgradienten zu wandern, Fortsätze auszuwachsen und synaptische Verbindungen herzustellen. Es handelt sich um ein Programm von Optionen, das lediglich festlegt, was unter gewissen Bedingungen möglich ist und was zu geschehen hat, wenn sich diese Gegebenheiten ändern, entweder als zwangsläufige Folge der eigenen Wachstumsdynamik (Gradienten von Nährstoffen, Metaboliten, Signalstoffen, Adhäsionsmolekülen etc.) oder durch äußere Faktoren (sensorische Eingänge, äußere Störungen des inneren Bedingungsgefüges). Jede Veränderung der äußeren Welt, die stark genug ist, um das in der »Innenwelt« des sich entwickelnden Gehirns herrschende Bedingungsgefüge zu verschieben, kann daher die dort stattfindenden Wachstums- und Differenzierungsprozesse in eine bestimmte (ohne diese Störung nicht oder noch nicht eingeschlagene) Richtung lenken.

3.2 Bilder strukturieren das Gehirn

Im Lauf der Evolution haben sich die Beziehungen der verschiedenen Lebensformen immer wieder verändert. Dabei konnten sich diejenigen Arten am erfolgreichsten durchsetzen, deren Hirnentwicklung und deren Verhalten nicht durch starre genetische Muster bestimmt wurde, deren genetische Programme also so beschaffen waren, dass sie nachträgliche Veränderungen der das Verhalten bestimmenden neuronalen Verschaltungsmuster zuließen. Die fortschreitende Öffnung der ehemals starren genetischen Programme wurde zu einer Voraussetzung für spätere Anpassungsleistungen und der Fähigkeit, lernen zu können, Erfahrungen machen zu können, und die dem Denken, Fühlen und Handeln zugrunde liegenden biologischen Strukturen verändern zu können. Einerseits bot diese Öffnung genetischer Programme eine einzigartige Chance zu immer neuen Anpassungsleistungen. Andererseits lag in dieser Öffnung aber auch eine Gefahr. In dem Maß, wie die genetischen Programme nicht mehr genau festlegten, wie sich das Nervensystem zu entwickeln hat, mussten andere Regelmechanismen gefunden werden, die diesen Prozess lenken. Für dieses Problem gab es nur eine Lösung: Die Rahmenbedingungen hierfür mussten von den jeweiligen Eltern bereits pränatal (als charakteristische intrauterine Entwicklungsbedingungen) und in noch stärkerem Maß postnatal (als familiär tradierte nachgeburtliche und juvenile Entwicklungsbedingungen) bestimmt werden. Dieses Prinzip, wonach die Rahmenbedingungen für die Entwicklung der Nachkommen von der jeweiligen Elterngeneration festgelegt werden, ist bereits bei den ersten Vielzellern nachweisbar. Beispielsweise bei den kugelförmigen Volvox-Algen. Sie vermehren sich, indem eine Mutterkugel eine einzelne Zelle in den Innenraum fallen lässt, aus der sich eine neue Tochterkugel bildet. Niemals könnte eine neue Tochterkugel entstehen, wenn sie sich außerhalb dieses lenkenden Rahmens der Mutterkugel entwickeln müsste. Damit Tochterkugeln entstehen, braucht es den geschützten Raum, das von der Mutterkugel vorgegebene Milieu, die von ihr festgelegten Rahmenbedingungen. Diese sind nicht nur bei Volvox, sondern bei allen Vielzellern normalerweise genau so beschaffen, dass sich das neu entwickelnde Lebewesen optimal entfalten und seine genetischen Potenzen auch wirklich »programmgemäß« umsetzen kann.

Neue Erfahrungen, die ein Mensch im Lauf seines Lebens macht – dafür haben die Molekularbiologen inzwischen zahlreiche Belege zusammengetragen – wirken bis auf die Ebene der Gene. Sie führen dazu, dass zum Beispiel Nervenzellen damit beginnen, neue Gensequenzen abzuschreiben und andere stillzulegen. Neue Erfahrungen verändern also die Genexpression. Im Gehirn geschieht das bis in hohe Alter und bildet die Grundlage für die lebenslange Plastizität und Lernfähigkeit dieses Organs. Allerdings machen wir die meisten Erfahrungen nicht am Ende, sondern am Anfang unserer Entwicklung. Während dieser Phase ist die erfahrungsabhängige Neuroplastizität – und damit die erfahrungsabhängige Modulation der Genexpression – zumindest im Gehirn am stärksten ausgeprägt. Schon vor der Geburt sammelt der sich entwickelnde Fetus reichlich neue Erfahrungen. Allerdings sind die weitgehend durch den mütterlichen Organismus bestimmt. Und es sind auch weniger kognitive und emotional bewegende Einflüsse, die die Genexpression embryonaler Zellen verändern, sondern zunächst eher metabolische, nutritive, hormonelle und sensorische. Während der frühen Phasen der embryonalen Entwicklung werden fast alle Veränderungen des lokalen Milieus, die die Genexpression embryonaler Zellen in eine bestimmte Richtung lenken, von diesen Zellen selbst erzeugt. Am Beginn dieser Entwicklung steht die Verschmelzung von Ei- und Samenzelle, durch die eine Kettenreaktion von sich wechselseitig bedingenden Veränderungen der Genexpression und daraus resultierenden Veränderungen der Leistungen und Wirkungen embryonaler Zellen in Gang gesetzt wird. Im Verlauf dieses Prozesses entstehen in verschiedenen Regionen des Embryos unterschiedliche lokale Bedingungen, die die Genexpression der dort befindlichen Zellen in eine bestimmte Richtung verschieben. Es kommt so zu einer fortschreitenden Spezialisierung der Genexpression, zur Differenzierung der in verschiedenen Bereichen des Embryos befindlichen Zellen und damit zur Herausbildung spezifischer Gewebe und Organanlagen.

Gekennzeichnet ist dieser Prozess durch eine enorme Eigendynamik (verursacht durch die Teilung embryonaler Zellen) und durch eine sehr gut funktionierende interne Selbstorganisation, die auf die Einhaltung gewisser äußerer Rahmenbedingungen (intrauterines Versorgungsmilieu) angewiesen ist. Während dieser Phasen führen unvorhergesehene Abweichungen der intrauterinen Versorgung des Embryos meist zu so erheblichen Veränderungen der Genexpression, dass es entweder zu schwerwiegenden morphogenetischen Fehlentwicklungen oder zum Abort kommt. Diejenigen Organe und Organsysteme, die zunächst weniger überlebenswichtig sind und deren Ausreifung deshalb besonders langsam erfolgen kann (und sich auch noch nach der Geburt fortsetzt), sind in ihrer endgültigen Strukturierung in besonderer Weise durch intrauterine oder postnatale Veränderungen der intrauterinen Rahmenbedingungen beeinflussbar. Das gilt vor allem für die so genannten »lernfähigen« Systeme (integrative Regelsysteme zur Aufrechterhaltung der inneren Ordnung angesichts äußerer Veränderungen, zum Beispiel autonomes und zentrales Nervensystem, endokrines System, kardiovaskuläres System, Immunsystem). In all diesen, durch eigene Erfahrungen beziehungsweise individuell vorgefundene Nutzungsbedingungen strukturierten Systemen dienen die genetischen Programme der Zellen lediglich noch als ein Repertoire von Handlungsoptionen. Bestimmte DNA-Sequenzen werden immer dann aktiviert, wenn es durch innere oder äußere Einflüsse zu Veränderungen des lokalen Milieus dieser Zellen kommt. Durch den Abruf ihrer genetisch überlieferten, präformierten Reaktionsmuster sind die betreffenden Zellen in der Lage, ihre bisherige innere Organisation an die neuen Gegebenheiten anzupassen. Damit verändern sie sich selbst, schaffen eine neue innere Ordnung, entfalten neue

Wirkungen und werden auf diese Weise funktionell und auch strukturell an die neuen Bedingungen angepasst. Oft bleiben sie sogar fortan von diesen einmal entstandenen und selbst mitgestalteten Bedingungen abhängig.

Tasten, schmecken und hören kann ein Mensch bereits im Mutterleib, und dass es dort bereits eine ganze Menge zu tasten, zu schmecken und zu hören gibt, daran besteht kein Zweifel. Aber bereits lange bevor das Gehirn damit beginnt, sich mit Hilfe der Sinnesorgane ein eigenes inneres Bild über die Beschaffenheit der äußeren Welt zu machen (die ja vor der Geburt eine von der äußeren Welt abgeschirmte innere Welt im Bauch der Mutter ist), wird das sich entwickelnde Gehirn bereits mit einer Fülle von Veränderungen konfrontiert. Die kommen allerdings weniger von außen, sondern vielmehr von innen, aus dem eigenen Körper. Aber sie sind für die im Hirn bereits entstandenen Muster des Zusammenwirkens der Nervenzellen genau so Unruhe stiftend und Anpassung erzwingend wie die später aus den Sinnesorganen eintreffenden Erregungsmuster. Die bereits entstandenen Nervenzellverbände im Gehirn des Embryos müssen ihr Zusammenwirken an die aus dem Körper kommenden und innerhalb des Gehirns durch Wachstums- und Ausreifungsprozesse selbst erzeugten Veränderungen anpassen. Sie wandern und ordnen sich in bestimmten Gruppen, verbinden sich untereinander auf eine bestimmte Weise mit Fortsätzen und passen ihre innere Organisation immer besser und immer wieder neu an die vorgefundenen und sich ständig in bestimmter Weise verändernden Verhältnisse an. Ihre Anordnung und ihre Beziehungen werden also durch die im Gehirn und im Körper herrschenden Bedingungen geprägt. So wird das sich entwickelnde Gehirn bereits lange vor der Geburt zu einem sich fortwährend ergänzenden und vervollständigenden Abbild der Verhältnisse, unter deren Einfluss es sich herausformt.

Jede einzelne Nervenzelle muss für alle Veränderungen, die ihr inneres Gleichgewicht bedrohen, eine Lösung finden. Typischerweise handelt es sich bei diesen Veränderungen um von anderen Zellen weitergeleitete Erregungen, die die betreffende

Zelle über vermehrt ausgeschüttete Botenstoffe (z. B. Glutamat) erreichen. Wenn sie die eingetretene Störung nicht beseitigen kann, stirbt sie. Die beste Lösung, die sie finden kann, besteht darin, die Störung zumindest teilweise an andere Nervenzellen weiterzuleiten. Die Störung breitet sich dann als Impuls über mehr oder weniger komplexe Netzwerke aus und erreicht am Ende dieser Reaktionskette entweder eine Muskelzelle, die sich zusammenzieht, oder eine Drüsenzelle, die ein Hormon abgibt, oder irgendeine andere Effektorzelle, die etwas macht, was dazu beiträgt, die am Anfang der Kette aufgetretene Störung zu beseitigen. Blutdruckschwankungen, Veränderungen des Blutzuckerspiegels oder der Sauerstoffsättigung, ansteigende oder abfallende Hormonspiegel, all das kommt allein über die Kreislaufversorgung auch schon lange vor der Geburt im Hirn an und erzeugt dort in bestimmten, für derartige Störungen besonders empfindlichen Nervenzellverbänden ein charakteristisches Aktivierungsmuster. Das Gleiche gilt auch für Signale, die das Gehirn aus verschiedenen Bereichen des Körpers über Nervenfasern erreichen und die Veränderungen des Muskeltonus oder des Zustands innerer Organe als charakteristische Erregungsmuster zum Gehirn weiterleiten. Wenn diese eintreffenden Erregungsmuster nicht deutlich von dem abweichen, was die davon betroffenen Nervenzellen als unbedrohlich für ihr inneres Gleichgewicht kennen gelernt und im Gedächtnis gespeichert haben, wird die betreffende Erregung einfach so weitergleitet, wie sich das bereits in der Vergangenheit angesichts ähnlicher Störungen bewährt hat, weil am Ende dieser Kette eine Reaktion ausgelöst wird, die bisher immer zur Beseitigung der Störung geführt hat.

Genau das, nämlich die Aufrechterhaltung und Wiederherstellung der inneren Ordnung des Körpers, also der Schutz der inneren Organisation des Organismus gegenüber von außen kommenden oder im inneren entstehenden Störungen der bisherigen Ordnung, ist die eigentliche Aufgabe des Gehirns. Deshalb sind auch die wichtigsten Bilder, die das Gehirn als innere Repräsentanzen erzeugt, Bilder über den Zustand des Körpers,

Körperbilder. Wenn im Körper an irgendeiner Stelle etwas passiert, das zu einer Abweichung oder Störung dieser Muster führt, so wird im Gehirn eine Reaktionskette ausgelöst, die erst dann zum Stillstand kommt, wenn das ursprüngliche Körperbild wieder erreicht oder ein neues stabilisiert worden ist. Eigentlich braucht das Gehirn dazu gar keine Sinnesorgane, denn es ist über vielfältige Nervenfasern mit allen Bereichen des Körpers verbunden. Aber es kann diese Aufgabe natürlich wesentlich besser erfüllen, wenn es im Verlauf seiner weiteren Entwicklung an Sinnesorgane angeschlossen wird, die auffällige Veränderungen in der äußeren Welt bereits weitermelden, bevor sie den Körper erreicht und zu einer ernsthaften Bedrohung seiner inneren Ordnung geführt haben. Auf diese Weise können die Bilder aus der Innenwelt nunmehr fortschreitend ergänzt werden mit Bildern über all das, was aus der Außenwelt an bedeutsamen Veränderungen für die Aufrechterhaltung der inneren Ordnung wahrgenommen wird. Je vollständiger und je weiter reichend die Wahrnehmungskanäle beschaffen sind, über die das Gehirn seine Informationen aus der Außenwelt bezieht, desto »wahrer« wird das daraus im Gehirn entstehende innere Bild der äußeren Welt. Je genauer diese inneren Bilder wahrgenommen werden und ins Bewusstsein gelangen, desto weiter vorausschauend kann bereits nach Lösungen für Bedrohungen gesucht werden, bevor sie den Organismus erreicht haben.

Bei oberflächlicher Betrachtung erscheint es so, als entwickle sich das menschliche Gehirn von allein. Wie von einer unsichtbaren Hand gesteuert, teilen sich die Nervenzellen in den verschiedenen Bereichen des Gehirns mit einer bestimmten Geschwindigkeit, die so entstandenen Neuronen und Neuronengruppen wandern anschließend entlang unsichtbarer Gradienten und Wegweiser zu ihren späteren Lokalisationen. Von dort wachsen von diesen Zellen Fortsätze aus und bilden ein komplexes Muster von Verbindungen und Verschaltungen zwischen den verschiedenen Kerngebieten innerhalb des sich entwickelnden Gehirns. Von den Sinnesorganen in das Gehirn einwachsende Nervenfasern erreichen die sich herausformenden Kerngebiete und regionalen Netzwerke. Diese stellen ihrerseits über Fortsätze Verbindungen zu anderen Bereiches des Gehirns her, in denen die ankommenden Informationen verarbeitet, mit bereits vorhandenen Mustern verglichen und als Handlungsmuster an die peripheren Organe und die Körpermuskulatur weitergeleitet werden. Nervenzellen, die nicht in solche funktionellen Netzwerke integriert werden können, werden durch »programmierten Zelltod« (Apoptose) eliminiert.

Was für die endgültige Anzahl an Neuronen gilt, mit denen das menschliche Gehirn zum Zeitpunkt der Geburt ausgestattet ist, gilt auch für die zwischen den Nervenzellen der verschiedenen Hirnbereiche und der innerhalb der sich herausformenden regionalen Netzwerken entstehenden Verschaltungen. In jeder dieser Regionen wird zunächst von den auswachsenden Nervenzellfortsätzen ein erheblicher »Überschuss« an Vernetzungen und synaptischen Verbindungen produziert. Anschließend werden all jene »synaptischen Angebote« wieder aufgelöst und eliminiert, die nicht in funktionelle Netzwerke integriert und durch synaptische Erregungsübertragung stabilisiert werden können. Auf diese Weise bleiben nur diejenigen Verschaltungsmuster zwischen den Nervenzellen erhalten, die häufig genug benutzt, das heißt, immer wieder aktiviert werden.

Dieser Prozess der Überproduktion und nachfolgenden nutzungsabhängigen »Ausdünnung« synaptischer Verschaltungen ist zum Zeitpunkt der Geburt nur in den älteren Hirnregionen (Hirnstamm, Thalamus, Hypothalamus) bereits weitgehend abgeschlossen. Die hier angelegten Verschaltungen sind für all das zuständig, was bereits zum Zeitpunkt der Geburt gut funktionieren muss: die Regulation von Atmung, Kreislauf und anderen Körperfunktionen, angeborene Reflexe und innere frühe Reaktionsmuster zur Lebensbewältigung. In jüngeren, sich später und langsamer entwickelnden Regionen (jüngere Bereiche des limbischen Systems, Kortex) dauert er noch länger nach der Geburt an. In den jüngsten, besonders plastischen und durch postnatale Erfahrungen formbaren Bereichen des Neokortex (präfrontaler Kortex, so genannter Stirnlappen) ist dieser Prozess der Synapsenbildung und der nachfolgenden funktionellen Stabilisierung komplexer synaptischer Verschaltungsmuster bis zur Pubertät nicht abgeschlossen. Möglicherweise bleibt die erfahrungs- und nutzungsabhängige Plastizität in diesen Bereichen des menschlichen Gehirns zeitlebens erhalten.

In zahlreichen Untersuchungen sind diese sequenziellen Reifungsprozesse und die schrittweise Anpassung der sich herausformenden synaptischen Verschaltungsmuster an die während der weiteren Hirnreifung immer komplexer werdenden Anforderungen und Nutzungsmuster inzwischen nachgewiesen worden. Solang dieser Prozess noch in einer gegenüber äußeren Einflüssen weitgehend abgeschirmten »inneren Welt« abläuft (frühe Phasen der Embryonalentwicklung), wird seine Dynamik und seine Richtung weitgehend von Verschiebungen des lokalen Bedingungsgefüges bestimmt, die sich innerhalb des sich entwickelnden Systems automatisch (durch Zellteilung und Wachstum) einstellen. Je stärker mit fortschreitender Entwicklung äußere, nicht vom sich entwickelnden Embryo selbst erzeugte und gelenkte Faktoren auf das sich entwickelnde neuronale System einwirken, desto deutlicher wird die Dynamik und Richtung der weiteren Entwicklung durch diese »Störungen« aus der äußeren Welt bestimmt. Die Hirnentwicklung muss daher als ein sich selbst organisierender, durch Interaktionen mit der äußeren Welt gelenkter Prozess verstanden werden.

Erst in den letzten Jahren haben Forscher einen Weg gefunden, um herauszufinden, welche Verhaltensweisen erworben und welche vererbt sind. Man benutzt dazu eine Technik, die als Cross-Fostering bezeichnet wird. So kann man beispielsweise unmittelbar nach der Geburt die Jungen von Rattenmüttern vertauschen, die sich bei der Aufzucht vorangegangener Würfe als entweder besonders kompetent und umsichtig oder aber als eher inkompetent und nachlässig erwiesen haben. Das Ergebnis derartiger Versuche ist eindeutig: Um eine kompetente Rattenmutter zu werden, kommt es nicht auf die genetischen Anlagen an, sondern auf die frühen Erfahrungen. Ein »Rattenmädchen«

kann also auch von einer »schlechten« Mutter abstammen und wird – wenn es das Glück hat, unmittelbar nach der Geburt bei einer »guten« Mutter zu landen – selbst eine gute Rattenmutter. Um zu erfahren, ob bestimmte Verhaltensmerkmale bereits intrauterin angelegt und geprägt werden, kann man nicht nur die Neugeborenen, sondern inzwischen auch die Embryonen von Mäusemüttern vertauschen, die aus Inzuchtstämmen mit unterschiedlichen Verhaltensmerkmalen stammen. Auch solche Experimente sind inzwischen gemacht worden. Man wählte dazu Tiere eines Stammes aus, die in einer neuen Umgebung vorsichtiger sind und mehr Zeit brauchen, um sich dort zurechtzufinden. Die Tiere des anderen Stammes zeichneten sich dadurch aus, dass sie sich räumlich besser orientieren können und eine gut ausgeprägte Impulskontrolle aufweisen. Wurden nun die Embryonen unmittelbar nach der Befruchtung vertauscht, also durch Embryotransfer den weiblichen Tieren des jeweils anderen Stammes eingepflanzt, so verhielten sich die Tiere später, wenn sie geboren und erwachsen geworden waren, genau so wie die Maus, die sie ausgetragen und aufgezogen hatte, und nicht so wie die Tiere des Stammes, von denen sie eigentlich abstammten. Das scheinbar genetisch bedingte und programmierte Verhalten eines Mäusestammes, zum Beispiel in einer neuen Umgebung ängstlich zu sein, Orientierungsschwierigkeiten zu haben und schlechter zu lernen, ist also offenbar durch ein komplexes Zusammenwirken früher intrauteriner Prägungen und späterer postnataler Erfahrungen bestimmt. Es reicht nicht, wenn die Jungen nur *bei* dieser Mutter aufwachsen, sie müssen bereits intrauterin in dieser Mutter heranwachsen, um die Verhaltensmerkmale des neuen Stammes zu übernehmen. Angesichts dieser Befunde müssen wir uns fragen, wie viele Eigenschaften, die bisher der Macht genetischer Programme zugeschrieben worden sind, in Wirklichkeit durch frühe intrauterine Erfahrungen geprägt und angelegt werden. Die Zwillingsforschung hat eine Vielzahl von phänotypischen Eigenschaften insbesondere auf der Ebene des Verhaltens gefunden, die offenbar angeboren sind. Ob sie aber auch wirklich vererbt, also genetisch weitergegeben, oder durch weitgehend gleichartige intrauterine Entwicklungsbedingungen eineiiger Zwillinge nur in gleicher Weise erworben werden, lässt sich mit den Methoden der Zwillingsforschung nicht klären.

Zum frühen Erfahrungsspektrum, das auf den sich entwickelnden Fetus einwirkt und seine Entwicklung bestimmt, gehören auch sensorische Einflüsse. Im letzten Schwangerschaftsdrittel hört das ungeborene Kind bereits die Stimme der Mutter, es kann bestimmte Melodien, die ihm vorgespielt werden, wiedererkennen, es lässt sich durch Geräusche aufschrecken und durch das Vorsingen oder Vorspielen häufig gehörter Lieder oder Musikstücke beruhigen. Das ist inzwischen allgemein bekannt. Weniger bekannt ist, dass der sich entwickelnde Fetus auch über Geruchs- und Geschmacksempfindungen verfügt, die bereits vor der Geburt aktiviert werden. Alle neugeborenen Säugetiere suchen nach der Geburt instinktiv die Brustwarze der Mutter. Kaninchen beispielsweise kriechen nach der Geburt am Bauchfell der Mutter entlang und finden auf diese Weise die Brustwarzen. Wenn man die Brustwarzen einer Kaninchenmutter mit Seife abwäscht, so finden die Neugeborenen die Brustwarzen nicht mehr. Träufelt man nun das Fruchtwasser der betreffenden Kaninchenmutter auf ihren Rücken, so suchen die neugeborenen Kaninchen die Brustwarzen auf dem Rücken der Mutter. Das heißt, die Neugeborenen suchen in Wirklichkeit keine Brustwarzen, sondern sie suchen einen bestimmten Geruch, den sie bereits intrauterin kennen gelernt und mit der dort herrschenden Geborgenheit assoziiert haben. Wenn sie auf die Welt kommen, suchen Kinder das, was sie bereits kennen und was ihnen bis dahin Sicherheit und Geborgenheit vermittelt hat – nicht nur das Schaukeln der Mutter, nicht nur ihre Stimme, sondern eben auch ihren Duft. An den Brustwarzen der Mutter werden dieselben Pheromone abgegeben, die auch im Fruchtwasser enthalten sind. Ändert man die »Duftstruktur« des Fruchtwassers, beispielsweise indem man vor der Geburt durch eine Injektion Zitronenaroma hinzufügt, so suchen die neugeborenen Kaninchen die Brustwarzen nach der Geburt überall dort, wo es nach Zitronenaroma riecht. Auch beim Menschen gibt es Hinweise darauf, dass bereits intrauterin kennen gelernte Aromastoffe, also beispielsweise Zimt oder Knoblauch, vom ungeborenen Kind wahrgenommen und mit der im Mutterleib herrschenden Geborgenheit assoziiert werden. Das Ungeborene erkennt also gewissermaßen, was zum normalen Ernährungsspektrum der Mutter gehört, und es findet dann in der Muttermilch bekannte Geschmacksnoten wieder, die es aus seinem vorgeburtlichen Leben im Mutterleib bereits kennt. So wird das Kind bereits vor der Geburt darauf vorbereitet, wie die Milch der eigenen Mutter schmeckt.

Mit der Geburt verlässt jedes Kind eine bis dahin schützende, geborgene Welt. Wie wir alle noch immer als Erwachsene, versucht auch ein Neugeborenes, sich in dieser fremden Welt zurechtzufinden, indem es das aussucht und wiederfindet, was es bereits kennt, womit es bereits vertraut ist. Wenn es schreit und sein inneres Bedürfnis nach Geborgenheit zum Ausdruck bringt, so löst es auf diese Weise bei der Mutter eine Reaktion aus, die ihm hilft, mit seiner Angst umzugehen und sie zu überwinden. Jedes Mal, wenn das gelingt, macht das Kind zwei wichtige Erfahrungen. Es lernt, dass es in der Lage ist, Probleme zu bewältigen, und dass es jemanden gibt, der ihm bei der Bewältigung dieser Probleme behilflich ist. Diese Erfahrung festigt die emotionale Bindung zur Mutter und das Vertrauen in die mütterlichen Kompetenzen. Je häufiger Kinder die Erfahrung machen können, dass Probleme auf diese Weise lösbar werden, desto sicherer werden die Bindungsbeziehungen zu den betreffenden Bezugspersonen. Wer keine Probleme hat, kann weder sichere Bindungen ausbilden noch die Erfahrung machen, dass die Aneignung eigener Kompetenzen Spaß macht und das Selbstwirksamkeitskonzept stärkt. In gewisser Weise gilt das auch schon für Tiere. Ein Beispiel aus der Hundezucht:

Wenn man einen Wurf Welpen nicht an der Mutterbrust, sondern mit einer Flasche großzieht, kann man diese Flaschen mit unterschiedlich großen Öffnungen versehen, mit kleinen Öffnungen, die dazu führen, dass die Tiere deutlich länger als an der Mutterbrust saugen müssen, mit sehr großen Öffnungen, die dazu führen, dass die Tiere bereits innerhalb von wenigen Minuten satt sind, und mit Öffnungen, die so beschaffen sind, dass die Welpen mit diesen Flaschen etwa genauso schnell satt werden wie auch an der Mutterbrust. Zieht man nun die Welpen eines Wurfs Jagdhunde unter diesen drei verschiedenen Bedingungen auf, so stellt man fest, dass diejenigen Tiere später die besten Ausbildungsleistungen erbringen, denen man das Leben während der frühen Entwicklung mit dem kleinen Loch in der Flasche besonders schwer gemacht hatte. Offenbar hatten sie besonders früh gelernt, Probleme zu bewältigen, ohne daran zu verzweifeln.

Ein Kind, das eine sichere Bindungsbeziehung entwickelt hat, übernimmt all das, was diese Bindungspersonen selbst an Kompetenzen, Fähigkeiten und Haltungen überliefern. Sogar die angeborene Furcht vor Schlangen beispielsweise kann völlig überlagert werden, wenn ein Kind bei einem Vater aufwächst, der ihm in schwierigen Situationen zur Seite steht, mit dem es gemeinsam viele Probleme lösen, aber auch viel Freude teilen kann und der eben zufälligerweise auch noch ein großer Schlangennarr ist.

Worauf es für eine erfolgreiche Stabilisierung hochkomplexer Verschaltungsmuster ankommt, lässt sich besonders eindringlich anhand der Herausformung des »Gesangszentrums« im Gehirn von Singvögeln beobachten. In dieser Region entsteht ein riesiges Überangebot an Nervenzellkontakten, wenn der kleine Vogel, also beispielsweise eine Nachtigall, noch im Nest sitzt. Wenn nun der Vater in der Nähe des Nests seine bezaubernd vielfältigen Lieder singt, entstehen im Gesangszentrum der Jungvögel entsprechend komplexe Aktivierungsmuster. Je komplizierter der Gesang, desto komplexer werden diese Muster und umso mehr Verschaltungen und Verbindungen können dann auch »benutzt« und stabilisiert werden. Wenn der Nachtigallenhahn keine Lust zum Singen hat, vertrieben oder gar totgeschossen wird, so kann im Gesangszentrum seiner Jungen auch kein so kompliziertes Netzwerk von Verbindungen stabilisiert werden. Dann geht der größte Teil der »synaptischen Angebote« zugrunde, und mit dem, was übrig bleibt, wird im nächsten Jahr kaum noch ein Sängerstreit um eine hübsche Nachtigallenbraut zu gewinnen sein. »Nutzungsabhängige Stabilisierung synaptischer Netzwerke« heißt das, was nicht nur im Gesangszentrum der Singvögel, sondern in noch viel stärkerem Maß und über noch viel längere Zeiträume im menschlichen Gehirn passiert. Die Region, in der sich während der frühen Kindheit besonders intensive Nervenzellkontakte herausbilden und darauf warten, dass sie möglichst komplex benutzt und stabilisiert werden, ist freilich nicht das Gesangszentrum, sondern die Hirnrinde, und hier ganz besonders der vordere, zuletzt ausreifende Bereich, der so genannte Stirnlappen. Diese für unser menschliches Hirn besonders typische Region brauchen wir, wenn wir uns ein Bild von uns selbst und unserer Stellung in der Welt machen wollen (Selbstwirksamkeitskonzepte), wenn wir unsere Aufmerksamkeit auf bestimmte Wahrnehmungen richten, Handlungen planen und die Folgen von Handlungen abschätzen (Motivation, Impulskontrolle) oder wenn wir uns in andere Menschen hineinversetzen und Mitgefühl entwickeln (Empathiefähigkeit, soziale und emotionale Kompetenz). Genau diese Fähigkeiten brauchen Kinder mehr als alles andere, wenn sie sich später in der Schule und im Leben zurechtfinden, lernbereit, wissensdurstig und neugierig bleiben und mit anderen gemeinsam nach brauchbaren Lösungen suchen wollen. Die für diese Fähigkeiten verantwortlichen hochkomplizierten Nervenzellverschaltungen in ihrem Hirn, und dort speziell im Frontallappen, stabilisieren sich jedoch nicht von allein. Sie müssen – wie im Gesangszentrum der kleinen Nachtigallen – durch eigene Erfahrungen anhand entsprechender Vorbilder herausgeformt und gefestigt werden.

In allgemeinen Worten lassen sich all diese neueren Erkenntnisse über den Einfluss äußerer Faktoren auf die Hirnentwicklung etwa zusammenfassen:

Die kritischen Entwicklungsphasen sind besonders gut gegenüber äußeren Störungen geschützt, und die jeweiligen Entwicklungsschritte werden primär durch das bis dahin entwickelte Beziehungsgefüge (lokales Mikroenvironment) bestimmt. Überall dort, wo die Ausreifung langsamer erfolgt, gelangt die endgültige Ausdifferenzierung einzelner Teilsysteme zunehmend unter den Einfluss äußerer Faktoren, die auf das bis dahin entwickelte Beziehungsgefüge einwirken (und das lokale Mikroenvironment, die Bereitstellung von Wachstumsfaktoren, Signalstoffen, Hormonen und Transmittern verändern) und die weiteren Entwicklungsprozesse in eine bestimmte Richtung lenken (Modulation der Genexpression). Die in solchen Bereichen des Gehirns ablaufenden Differenzierungsprozesse sind dann für einen bestimmten Zeitraum besonders leicht durch äußere Einflüsse modifizierbar. Während derartiger kritischer, sensibler Phasen ist die Ausreifung der Nervenzellverschaltungen durch die Einwirkungen äußerer Faktoren besonders leicht beeinflussbar. Einmal entstanden, sind diese Verschaltungsmuster später nur noch in begrenztem Umfang kompensierbar und (durch Normalisierung der äußeren Störung) korrigierbar.

Gegenüber älteren, noch immer weit verbreiteten Vorstellungen einer autonom ablaufenden, im Wesentlichen durch genetische Programme gesteuerten Hirnentwicklung ist diese neue Sicht der Entwicklungsneurobiologie insbesondere für das Verständnis vorgeburtlicher Einflüsse auf die Ausformung und Strukturierung neuronaler Netzwerke und synaptischer Verschaltungen ein wichtiger Schritt. Wie immer in solchen Übergangsphasen wirft aber auch hier das neue Paradigma zunächst mehr Fragen auf, als es Antworten zu geben in der Lage ist. Das gilt vor allem dann, wenn es um die Identifikation der spezifischen Ursachen für die Ausbildung eines besonderem Merkmals geht, mit dem ein bestimmtes Kind zur Welt kommt. Ebenso unbefriedigend und unpräzise bleiben die Antworten, wenn es um die genaue Abschätzung der Folgen eines spezifischen Ereignisses geht, das während der pränatalen Entwicklung stattgefunden und möglicherweise die weitere Entwicklung des ungeborenen Kindes beeinflusst hat. Zwar lässt sich aus den hier beschriebenen Zusammenhängen ableiten, dass jedes

Ereignis, das bis in die innere Welt des sich entwickelnden Gehirns vordringt und das dort bis dahin aufgebaute Beziehungsgefüge nachhaltig stört, entsprechende Spuren hinterlässt, die nachfolgende Entwicklungsprozesse beeinflussen. Aber es ist im Einzelfall kaum abschätzbar, wie diese Spuren beschaffen sind, welche Folgen sie haben, ob und wie sie im Verlauf der weiteren Entwicklung kompensiert werden. Alles, was auf den Einfluss vergangener Erfahrungen zurückzuführen ist, muss als eine in der Struktur des sich entwickelnden Organismus festgehaltene Erinnerung an das betreffende Ereignis verstanden werden. Das Gedächtnis ist also nicht allein an ein erinnerungsfähiges Gehirn gebunden, das die betreffende Erfahrung als innere Repräsentanz verankert und später symbolisch, bildhaft oder verbal wieder zum Ausdruck bringen kann. Das Gedächtnis wären dann all die vielen Spuren, die sich als Folge der Interaktion eines Lebewesens mit der äußeren Welt in seiner Struktur und seiner inneren Organisation eingegraben haben. So betrachtet hat jede Zelle, jedes Organ, jedes Individuum, ja sogar jede Lebensgemeinschaft ihr eigenes, durch die jeweiligen bisher gemachten Erfahrungen herausgeformtes Gedächtnis. Das menschliche Gehirn zeichnet sich dabei nur durch eine Besonderheit aus: Es kann die spezifischen Verschaltungsmuster, die durch bestimmte Erfahrungen als innere Repräsentanzen dort herausgeformt worden sind, zu späteren Zeitpunkten wieder aktivieren und damit ein inneres Erinnerungsbild der betreffenden Erfahrungen erzeugen. Dieses Erinnerungsbild lässt sich jedoch erst dann »in Worte fassen«, wenn auch die Fähigkeit zur verbalen Beschreibung des wachgerufenen inneren Bildes hinreichend entwickelt ist.

Erst relativ spät erwerben Kinder die Fähigkeit, gemachte Erfahrungen in Form innerer Bilder zu erinnern und in einer Weise mitzuteilen, die von anderen verstanden wird. Alle davor, also bereits im Säuglingsalter oder gar intrauterin gemachten Erfahrungen sind daher zwar im Gedächtnis der Zellen, einzelner Organe, einzelner Hirnbereiche oder des ganzen Körpers gespeichert. Sie können jedoch nicht bewusst erinnert oder mitgeteilt werden, kommen jedoch bisweilen auf andere, zum Beispiel körperliche Weise zum Ausdruck.

Die Gedächtnisforscher haben aus dieser Beobachtung eine »frühkindliche Amnesie« abgeleitet, für die sie ein nicht ausgereiftes Gedächtnissystem verantwortlich machen. Da sie unter »Gedächtnissystem« all jene Strukturen verstehen, die für die Zuordnung, Stabilisierung und Reaktivierung bestimmter Gedächtnisinhalte innerhalb des Gehirns zuständig sind, ist diese Vermutung sicher zutreffend. Weder Hippokampus und Zwischenhirn, noch Kortex und alle höheren Zentren sind zum Zeitpunkt der Geburt so weit entwickelt und miteinander verschaltet, dass spezifische Erfahrungen als entsprechende innere Repräsentanzen abgespeichert und bewusst aktiviert werden könnten. Während der ersten drei Lebensjahre, wenn die Fähigkeit zur bewussten Erinnerung allmählich herausgeformt wird, kommt es im Gehirn, insbesondere in den höheren assoziativen Zentren des Kortex, zu tief greifenden Reorganisationsprozessen. Möglicherweise werden von diesen Umbauprozessen auch solche Verschaltungsmuster mit erfasst, die durch vorher gemachte, frühe Erfahrungen entstanden sind. Dann ließen sich auch später, wenn die Fähigkeit zum bewussten Erinnern voll ausgereift ist, diese früh entstandenen inneren Bilder unter Umständen zumindest noch bruchstückhaft und verschwommen abrufen.

3.3 Bilder lenken die Wahrnehmung

Jedes Lebewesen, also eine Zelle, eine Pflanze, ein Schleimpilz, ein Mensch oder eine ganze menschliche Gemeinschaft, reagiert auf eine bestimmte Veränderung in der äußeren Welt mit einer bestimmten Antwort. Diese Reaktion ist Ausdruck der Tatsache, dass das betreffende Lebewesen oder die betreffende Gemeinschaft diese Veränderung als Störung ihrer bisherigen inneren Ordnung erfahren und damit im weitesten Sinne auch wahrgenommen hat. Die Wahrnehmungsfähigkeit ist also eine

Grundeigenschaft aller Lebewesen. Sie ist weder an das Vorhandensein spezifischer Sinnesorgane, noch an einen bewussten Wahrnehmungsprozess gebunden. Nicht die Sinnesorgane, sondern die für den Aufbau des inneren Beziehungsgefüges eines Lebewesens genutzten inneren Bilder sind also entscheidend dafür, welche Veränderungen der äußeren Welt von den betreffenden Lebewesen wahrgenommen und gegebenenfalls auch beantwortet werden können. Eine Veränderung der äußeren Welt, die die bisher entwickelte innere Ordnung, das bisher herrschende innere Beziehungsgefüge eines Lebewesens nicht zu stören imstande ist, kann auch nicht wahrgenommen werden.

Frei lebende Einzeller besitzen an ihrer Oberfläche eine ganze Reihe unterschiedlicher »Monitore«, so genannte membranständige Rezeptoren. Das sind relativ kompliziert aufgebaute Eiweißmoleküle, deren Grundstruktur durch die Übersetzung bestimmter DNA-Sequenzen bestimmt wird. Alle für die Aufrechterhaltung der inneren Ordnung einer Zelle besonders wichtigen Veränderungen der äußeren Welt werden von diesen Rezeptoren registriert und in ein Signal übersetzt, das ins Zellinnere weitergeleitet wird. Dort setzt es dann eine Reaktionskette in Gang, die so lange aktiv bleibt, bis das ursprüngliche innere Gleichgewicht wiederhergestellt ist.

Bei vielzelligen Organismen wird diese Wahrnehmung wichtiger Veränderungen der äußeren oder inneren Verhältnisse von speziellen Sinneszellen übernommen. Sie wandeln die durch einen physikalischen oder chemischen Reiz ausgelöste Störung ihrer inneren Ordnung in ein Signal um, das sie an andere Zellen weiterleiten, entweder als elektrischen Impuls über einen langen Fortsatz oder als einen auf den betreffenden Stimulus hin produzierten und an andere Zellen abgegebenen Botenstoff. Dieses elektrisch oder chemisch weitergeleitete Signal löst dann eine mehr oder weniger lange Kettenreaktion von weiteren Signalen und Antworten der Zellen innerhalb des Organismus aus, an deren Ende so genannte Effektorzellen »irgendetwas« tun, was zur Beseitigung der eingetretenen Störung führt. Durch weitere Spezialisierungen und die Zusammenlagerung dieser Sinneszellen sind bei den Tieren zunehmend komplexere Sinnesorgane entstanden. Die dort erzeugten Signalmuster werden über Fortsätze, die so genannten sensorischen Nervenbahnen, zum Gehirn weitergeleitet. Dort lösen diese eintreffenden Signale in den für die Verarbeitung sensorischer Eingänge spezialisierten Nervennetzwerken ein für den betreffenden Sinnesreiz charakteristisches Erregungsmuster aus. Das auf diese Weise im Gehirn erzeugte Aktivierungsmuster wird anschließend mit bereits vorhandenen und in Form bestimmter Verschaltungsmuster stabilisierten Erregungsmustern, also den bereits im Hirn angelegten inneren Bildern überlagert und verglichen.

Bei manchen Tieren sind einzelne Sinnesorgane, wie auch diejenigen Hirnbereiche, in denen die zum Abgleich mit den neu eintreffenden Sinnesorganen genutzten inneren Bilder bereitgehalten werden, zum Teil bereits angeborenermaßen besser entwickelt und feiner ausdifferenziert als bei uns Menschen. Solche Tiere können dann bestimmte Aspekte ihrer äußeren Welt und deren Veränderungen weitaus empfindlicher wahrnehmen als wir. Die neuronalen Verschaltungsmuster, die ihr Hirn für den Vergleich mit den durch die jeweilige Sinneswahrnehmung erzeugten »Wahrnehmungsmustern« benutzt, werden durch die lenkende und steuernde Wirkung ihrer genetischen Programme während der Hirnentwicklung herausgeformt. Sie haben deshalb angeborenermaßen bereits ein grobes Bild von all dem im Kopf, was für das Überleben ihrer Vorfahren über sehr lange Zeiträume und viele Generationen hinweg ganz besonders wichtig gewesen war. So erkennt der Bussard die Maus, das Huhn den Habicht, der Frosch die Fliege oder das Schaf den Wolf sozusagen »a priori«. Diese genetisch verankerten Bilder bleiben – wie bei den Schafen – selbst dann noch über viele Generationen erhalten, wenn das reale Objekt, das sie repräsentieren – wie bei uns der Wolf – längst ausgestorben ist.

Bei manchen Tieren ist das Gehirn jedoch bereits plastisch genug, um diese genetisch verankerten inneren Bilder durch später angelegte, aus eigener Erfahrung entwickelte innere Bilder zu ergänzen. Unsere Störche und Reiher bieten hierfür ein anschauliches Beispiel. Da das, was sie am liebsten fressen und wovon sie ein recht präzises inneren Bild im Kopf haben – Fische und Frösche –, immer seltener zu finden ist, lernen die Jungen nun von ihren Eltern nicht nur, dass man auch Mäuse fressen kann, sondern sie entwickeln in ihrem Hirn auch ein nunmehr erlerntes inneres Bild davon, wie Mäuse aussehen und wo sie am besten zu fangen sind.

Diese Fähigkeit, neue Wahrnehmungen zu machen und diese neuen Wahrnehmungen für die Herausformung neuer innerer Bilder in Form bestimmter synaptischer Verschaltungsmuster im Gehirn zu verankern, ist beim menschlichen Gehirn besonders gut entwickelt. Wir sind mit unserem Gehirn in der Lage, die bereits angelegten inneren Bilder mit den neuen, über die verschiedenen Sinneskanäle ankommenden und im Gehirn erzeugten Aktivitätsmustern zu vergleichen und unsere bisherige Vorstellung von dem zu verändern, was eine Maus oder ein Schwein, ein Freund oder ein Feind, eine Hose oder ein Rock ist. Wie diese Abstimmung erfolgt, ist noch nicht endgültig geklärt. Die Hirnforscher vermuten, dass die ankommenden Sinnesdaten auch bei uns im Gehirn zunächst ein inneres »Wahrnehmungsbild« erzeugen. Gleichzeitig werden dazu passende, in den höheren Arealen der Hirnrinde bereits angelegte innere Bilder benutzt, um ein bestimmtes »Erwartungsbild« in Form eines charakteristischen Aktivierungsmusters zu generieren. Falls diese beiden Erregungsmuster identisch sind, bleibt alles beim Alten. Da das neue Bild das vorhandene nur bestätigt, sind die eingegangenen Sinnesdaten für das Hirn uninteressant und können routinemäßig so wie die alten bisher auch beantwortet werden. Wenn keinerlei Übereinstimmung zwischen dem durch eine bestimmte Wahrnehmung im Gehirn entstehenden neuen Erregungsmuster und dem von den assoziativen Rindenbereichen generierten »Erwartungsbild« hergestellt werden kann, passiert gar nichts. Die eingegangenen Sinnesdaten werden dann als unsinniges und daher bangloses »Trugbild« verworfen. Wirklich interessant wird es nur dann, wenn das alte bereits vorhandene Muster und das neue, eben entstandene Aktivierungsmuster zumindest teilweise übereinstimmen und überlagerbar sind. Das im Kortex entstandene »Erwartungsbild« muss dann geöffnet und entsprechend modifiziert werden. Anschließend wird es erneut mit den von den eintreffenden Sinnesdaten erzeugten Erregungsmustern verglichen. Dieser Prozess wiederholt sich solange, bis ein neues, erweitertes inneres »Erwartungsbild« entstanden ist, das sich nun endlich mit dem tatsächlichen Wahrnehmungsbild deckt. Die neue Wahrnehmung ist dann in den Schatz der bereits vorhandenen inneren Bilder integriert worden. Man hat etwas dazugelernt.

Die im Gehirn angelegten und bereitgehaltenen inneren Repräsentanzen über die in der äußeren Welt wahrnehmbaren Erscheinungen werden auf diese Weise im Lauf des Lebens ständig erweitert und überformt, jedenfalls solange ein Mensch noch Neues wahrzunehmen und sich auf diese neuen Wahrnehmungen einzulassen imstande ist, das heißt, solange ein solcher Abgleich zwischen neu entstandenen und bereits vorhandenen synaptischen Aktivierungsmustern erfolgen kann. Diese Bereitschaft und die damit einhergehende Offenheit zur Modifikation und Erweiterung bereits vorhandener innerer Erwartungsbilder ist während der Phase der Hirnreifung, also bei Kindern und Jugendlichen, besonders groß. Das gilt nicht nur für die visuelle Wahrnehmung und die Verankerung optischer Eindrücke, sondern ebenso für das Tasten und die Herausbildung innerer »Tast- und Körperbilder«, für das Hören und die Entstehung entsprechender akustischer innerer Bilder und das damit einhergehende Verstehen und Verankern von Sprache, letztlich auch für das Interesse am Zuhören. Auf gleiche Weise entwickelt sich die Fähigkeit, aus Gerochenem innere »Geruchsbilder« anzulegen und mit anderen Sinneswahrnehmungen und den dadurch erzeugten inneren Bildern zu verbinden. Ja sogar die von den Muskeln bei Veränderungen ihres Tonus zum Gehirn weitergeleiteten Signale werden benutzt, um innere Repräsentanzen von komplexen Bewegungsabläufen, gewissermaßen innere »Bewegungs- und Handlungsbilder« in bestimmten Bereichen des Gehirns anzulegen und bei Bedarf abzurufen. Nichts anderes geschieht beim Training optimierter Bewegungsabläufe im Sport, aber auch bei jeder komplexen, behutsamen Bewegung, mit der wir eine Tasse zum Mund führen.

Die anfangs noch sehr große Bereitschaft, die bereits in den assoziativen Bereichen des Kortex vorhandenen inneren Bilder mit den aus diesen unterschiedlichen Sinneskanälen neu eintreffenden Eindrücken und »Wahrnehmungsbildern« abzugleichen, verschwindet (leider) in dem Maß, wie ein Mensch zu der inneren Überzeugung gelangt, alles, was es nun noch an Neuem wahrzunehmen gibt, bereits zu kennen. Er meint dann, dass er neue Wahrnehmungen zur Aufrechterhaltung seines inneren Gleichgewichts nicht mehr braucht. Das Neue, Fremde interessiert ihn nicht mehr. Bisweilen weigern sich einzelne Menschen auch, sich überhaupt noch auf neue Wahrnehmungen einzulassen, weil sie zu der Überzeugung gelangt sind, dass alles Neue und Fremde ihr bis dahin entwickeltes inneres Gleichgewicht nur erneut stört und bedroht. Oft haben solche Menschen die wiederholte Erfahrung gemacht (oder machen müssen), dass ihre Offenheit für Neues und Fremdes für sie nutzlos oder gar gefährlich geworden ist. Diese Erfahrung ist dann in Form komplexer Verschaltungsmuster in den höchsten assoziativen Bereichen ihres Frontalhirns als ein übergeordnetes und nun ihre gesamte Wahrnehmungsfähigkeit leitendes, das heißt ihre Offenheit bestimmendes, inneres Bild verankert. Dieses übergeordnete innere Bild hemmt als einmal angeeignete Haltung und Überzeugung fortan die Projektion von »Erwartungsbildern« aus den anderen assoziativen Netzwerken des Kortex in das Zwischenhirn. Solche Menschen hören auf, die in ihnen selbst oder in ihrer Lebenswelt stattfindenden Veränderungen wahrzunehmen. Ihre einmal entwickelten Haltungen und Überzeugungen sind dann als so starke innere Bilder in ihrem Frontalhirn verankert, dass sie den Abruf und damit den Abgleich einzelner, oft sogar aller anderen in den assoziativen Rindenbereichen bereits angelegten Wahrnehmungsbilder verhindern.

Sie lassen sich dann im wahrsten Sinn des Wortes durch nichts mehr »beeindrucken«.

Umgekehrt gibt es auch Menschen, die bereits während ihrer Kindheit und dann auch in ihrem späteren Leben die wiederholte Erfahrung machen und als innere Überzeugung in ihrem Frontalhirn verankern konnten, dass der fortwährende Abgleich ihrer bereits angelegten inneren Wahrnehmungsbilder mit neuen Sinnesdaten zu einer für sie bedeutsamen und für ihre Lebensbewältigung hilfreichen Verbesserung und Erweiterung ihrer Wahrnehmungsfähigkeit geführt hat. Dieses übergeordnete innere Bild erleichtert ihnen im weiteren Leben den Abruf und den Abgleich ihrer in den assoziativen Rindenfeldern bereits vorhandenen inneren Erwartungsbilder für einzelne oder sogar mehrere Wahrnehmungsbereiche. Sie lassen sich deshalb auch durch sehr viele, subtile Veränderungen sowohl ihres Körpers als auch ihrer äußeren Welt weiter »bilden«.

Sehr spezielle Anforderungen an die Fähigkeit zur Wahrnehmung eines bestimmten Phänomens, wie sie mit bestimmten Kindheitserfahrungen und später mit vielen beruflichen Tätigkeiten einhergehen, können auch dazu führen, dass die Fähigkeit zur Wahrnehmung ganz bestimmter Phänomene bei einzelnen Personen enorm gut entwickelt wird. Solche Menschen werden dann zu wahren Wahrnehmungskünstlern, die in der Lage sind, optische, akustische, gustatorische oder taktile Sinneseindrücke so fein auszudifferenzieren und so sicher einzuordnen, dass »normale« Menschen angesichts dieser Fähigkeiten zu ahnen beginnen, wozu ein menschliches Gehirn imstande ist. Das gilt nicht nur für Experten der Weinverkostung oder für musikalische Genies, sondern beispielsweise auch für einen Arzt, der eine Röntgenbildaufnahme betrachtet. Das komplexe innere Bild, das er benutzt, um in diesen Schwärzungsverteilungen Anzeichen einer pathologischen Veränderung wahrzunehmen, wird erst durch intensive Beschäftigung und jahrelange Erfahrung mit derartigen Aufnahmen allmählich herausgeformt. Im Lauf seiner Ausbildung und seiner späteren Tätigkeit muss er sich auf einen immer neuen Abgleich des durch das Betrachten einer solchen Röntgenaufnahme erzeugten optischen Wahrnehmungsbildes mit all den anderen inneren Bildern einlassen, die er in seinem Gehirn über die anatomischen und klinischen Merkmale von gesunden und kranken Menschen angelegt hat. Nur so erlernt er, in diesen Röntgenbildern etwas zu sehen, was jedem, der das nicht gelernt hat, verborgen bleibt.

Normalerweise geben diese Radiologen, ebenso wie alle anderen Experten, Künstler, Wissenschaftler, Politiker, Unternehmer, Lehrer, Arbeiter, Angestellte, Junge und Alte, Männer und Frauen – also im Grunde alle Mitglieder einer menschlichen Gemeinschaft –, ihre Wahrnehmungen an andere Menschen weiter und überliefern sie sogar von einer Generation zur nächsten. Auf diese Weise entsteht eine sich innerhalb dieser Gemeinschaft ausbreitende kollektive Vorstellung davon, wie die Welt, in der diese Menschen leben, beschaffen ist. Ähnlich wie die im Gehirn jedes einzelnen Menschen durch seine jeweiligen Erfahrungen herausgeformten inneren Erwartungsbilder werden diese innerhalb einer Gesellschaft oder eines Kulturkreises kommunizierten und tradierten kollektiven Bilder benutzt, um alle neu in diese Gemeinschaft eindringenden Wahrnehmungen und Erkenntnisse einzelner besonders begabter oder besonders exponierter Mitglieder zu bewerten. Handelt es sich, wie beispielsweise bei den von Albert Einstein wahrgenommenen und in Form der Relativitätstheorie mathematisch formulierten Phänomenen, um etwas Neues, das kritischer Überprüfung standhält und sich als praktisch nutzbar erweist, so wird das alte Bild – die Newton'sche Physik – entsprechend ergänzt, erweitert und so lange umgestaltet, bis es mit den neuen Beobachtungen der Physiker kompatibel geworden ist. Auf diese Weise wird jede Gemeinschaft durch die von einzelnen Mitgliedern gemachten Wahrnehmungen und durch die aus diesen Wahrnehmungen abgeleiteten Erkenntnisse dazu gebracht, ihre bisherigen, in Märchen, Mythen, Gesetzes- oder Lehrbüchern festgehaltenen und überlieferten, anfangs meist noch sehr bruchstückhaften, oft auch widersprüchlichen Vorstellungen, Hypothesen und Visionen über die Beschaffenheit der Welt allmählich zu ergänzen und zu erweitern. So kann schließlich manches, was bisher als Getrenntes galt, verbunden und anderes, was bisher zusammenzugehören schien, getrennt werden.

Wie die einmal angelegten inneren Bilder im Hirn eines einzelnen Menschen können auch einmal entwickelte kollektive Vorstellungen bisweilen sehr stabil und rigide werden. Sie lassen sich dann oftmals selbst dann nicht mehr öffnen und erweitern, wenn sie mit dem unvermeidlichen Zustrom neuer Wahrnehmungen und Erkenntnisse längst nicht mehr vereinbar sind. Und ebenso wie die einmal entstandenen inneren Bilder im Hirn des Einzelnen können auch die von einer Gemeinschaft gehegten kollektiven Vorstellungen, Überzeugungen und Erwartungen dazu führen, dass die Wahrnehmungen und die Suche nach neuen Erkenntnissen ihrer Mitglieder zumindest über einen gewissen Zeitraum hinweg in eine ganz bestimmte Richtung gelenkt werden, so dass manche Phänomene von den Mitgliedern einer solchen Gemeinschaft besonders intensiv verfolgt und beachtet, andere aber kaum wahrgenommen werden.

3.4 Bilder bestimmen das Denken, Fühlen und Handeln

Es ist beeindruckend, unter dem Mikroskop eine Amöbe dabei zu beobachten, wie vorsichtig dieser Einzeller seine Filipodien als feine Ausstülpungen seines Zellplasmas herausstreckt und damit tastend seine Umgebung erkundet. Trifft die Amöbe dabei auf etwas Fressbares, so schließt sie es mit diesen Füßen ein und bugsiert den Nahrungsbrocken in ihr Inneres. Enthält dieser Brocken eine Substanz, die der Amöbe nicht schmeckt, so schüttelt sie sich und spuckt ihn wieder aus. Bewegt man einen größeren Gegenstand, beispielsweise eine Nadelspitze, auf die Amöbe zu, so zieht sie ihre Fortsätze ein, kugelt sich ab und wartet, bis die Gefahr vorbei ist. Wer dem Treiben eines solchen Einzellers einige Zeit zugeschaut hat, muss all seine Vernunft zusammennehmen, um das Gefühl zu unterdrücken, dass auch schon Amöben denken, fühlen und gezielt handeln können.

Ähnlich muss es jedem begeisterten Angler gehen, der sich darüber ärgert, wie vorsichtig die Fische seinen Köder umschwimmen, bis sich endlich einer ein Herz fasst und daran zupft. Falls ihm der Köder schmeckt, wächst sein Appetit. Falls der stärker wird als die Angst, beißt er zu – und wird herausgezogen. Der Angler kann dann einpacken und nach Hause gehen, denn an dieser Stelle wird eine Zeit lang erst einmal kein weiterer Fisch anbeißen, es sei denn, die Köder sind gar zu verlockend oder der Hunger der anderen Fische ist so groß, dass sie sich selbst von der nun innerhalb des Schwarmes entstandenen Unruhe und Angst nicht anstecken lassen.

Was die Fische den Anglern hier vorführen, sind widersprüchliche handlungsleitende Motive, die wir – wenn sie Menschen wären – ohne zu zögern »Gefühle« nennen würden: Einerseits die vorwärts treibende Neugier, der Appetit oder Hunger der Fische, die sie zum Zubeißen verleiten, andererseits die zurückhaltende Angst, die – solange sie stark genug ist – zur Vorsicht rät, aber offenbar auch schon bei Fischen durch andere stärkere Bedürfnisse verdrängt werden kann. Das Gleiche erleben Vögel während der Paarung im Frühjahr, wenn sie vor lauter Begeisterung bei der Begattung oder voller Zorn und Kampfeslust beim Streit mit Rivalen bisweilen so unvorsichtig werden, dass sie von den Bäumen purzeln. Was sie so stark vorwärts treibt, dass sie dabei alle Angst vergessen, ist ein handlungsleitendes Motiv, das noch stärker ist als der Hunger. Das eine nennen wir »Trieb«, das andere »Bedürfnis«. Aber mit dieser Begrifflichkeit kommt man gänzlich durcheinander, wenn man eine Bezeichnung für das Motiv sucht, das Eltern (auch schon Vogeleltern) dazu bringt, sich selbst – um ihre Nachkommen zu retten – in Lebensgefahr zu bringen und dabei gegebenenfalls ihr Leben für das ihrer Jungen zu opfern. Dieses Gefühl ist stärker als der Hunger, stärker als der Geschlechtstrieb und ganz offenkundig auch stärker als die Angst, aber einen entsprechend starken Namen haben wir dafür nicht. Wenn diese Tiereltern Menschen wären, würden wir es »Liebe« nennen.

Wichtiger als all die Namen, die wir diesen inneren Impulsen geben, ist das, was all diese Beispiele deutlich machen: Es gibt Kräfte, die nicht nur uns, sondern auch alle Tiere, sogar schon die Einzeller antreiben und zu bestimmten Reaktionen oder Handlungen bewegen, und solche, die uns, ebenso wie alle anderen Lebewesen, zurückhalten. Gelenkt, gesteuert und koordiniert werden diese Reaktionen oder Handlungen durch mehr oder weniger komplexe Reaktions- und Handlungsschemata, die in der inneren Organisation des betreffenden Lebewesens bereits angelegt sind und nur noch durch einen entsprechenden inneren Impuls ausgelöst und umgesetzt werden müssen. Dieser entscheidende, eine bestimmte Handlung in Gang setzende Impuls wird von dem betreffenden Lebewesen immer dann erzeugt, wenn es zu einer Störung seines bisher aufgebauten und aufrechterhaltenen inneren Beziehungsgefüges kommt. Eine derartige Störung der inneren Ordnung eines Lebewesens kann entweder in seiner Innenwelt selbst entstehen, also endogen verursacht sein (z. B. durch Aktivitätsveränderungen und daraus resultierende Diskrepanzen zwischen Bedarfs- und Versorgungslage in einzelnen Bereichen, durch Kommunikationsstörungen und veränderte Signalflüsse etc.). Sie kann aber auch durch einen äußeren, die bisherige innere Ordnung irritierenden, exogenen Reiz ausgelöst werden. In beiden Fällen muss die aufgetretene Störung der bisherigen inneren Ordnung von dem betreffenden Lebewesen zunächst wahrgenommen und anschließend bewertet werden. Eine Zelle, ein Organismus oder eine Gesellschaft muss also nicht nur »merken«, dass »irgendetwas nicht mehr stimmt«, sondern muss auch in der Lage sein, anhand eines bereits vorhandenen Messfühlers oder Maßstabs – also anhand eines *inneren Bildes* davon, wie es sein sollte – zu »entscheiden«, ob und wie jetzt zu reagieren oder zu handeln ist. Jedes Lebewesen besitzt also zu jedem Zeitpunkt seiner Entwicklung nicht nur bestimmte, seine Reaktionen und Handlungen lenkende, sondern auch bestimmte, den betreffenden

Handlungsimpuls auslösende innere Bilder. Im einfachsten Fall handelt es sich hierbei um primitive Reiz-Reaktions-Schemata, die automatisch zu einer bestimmten Antwort führen, wenn sie durch einen hinreichend starken, mehr oder weniger spezifischen Stimulus in Gang gesetzt werden. Ein typisches Beispiel hierfür ist die durch den Eintritt eines Spermiums in eine Eizelle ausgelöste Veränderung der Eihülle, die das Eindringen eines weiteren Spermiums verhindert. Aber die Beobachtung, dass eine Eizelle sich nicht durch jedes beliebige Spermium befruchten lässt, sondern gezielt eines davon für den Befruchtungsakt »auswählt« und »zulässt«, macht bereits deutlich, dass es sich hierbei um einen aktiven Prozess handelt, den die Eizelle nur dann in Gang setzt, wenn das betreffende Spermium bestimmte Kriterien erfüllt, wenn es also ihren »Vorstellungen« entspricht.

Wir wissen nicht, welche Kriterien die Eizelle benutzt, um von den ankommenden Kandidaten den für sie passenden auszusuchen. Später, wenn aus dieser Verschmelzung ein erwachsener und geschlechtsreifer Organismus hervorgegangen ist, wird auch der seinen Fortpflanzungspartner auswählen, und zwar ebenfalls nach einem bestimmten Bild, das er nun aber in Form bestimmter Verschaltungsmuster in seinem Kopf hat. Dieses Muster kann entweder noch sehr streng genetisch determiniert sein, wie beispielsweise bei den Spinnenweibchen, die immer denjenigen Spinnenmann für die Begattung auswählen, der das verlockendste Geschenk in Form einer mit Spinnfäden eingewickelten möglichst großen Fliege anschleppt. Es kann aber auch, wie bei den Vögeln, erst durch frühe Prägungen entstanden und so fest im Hirn verankert worden sein, dass eine von Gänsen aufgezogene Ente sich später alljährlich im Frühjahr vergeblich mit Gänsen zu paaren versucht. Schließlich kann dieses innere Bild davon, wie ein optimaler Partner für die Fortpflanzung auszusehen hat, zwar ebenfalls zunächst durch genetische Programme und durch frühe Erfahrungen angelegt sein, aber im Lauf des späteren Lebens ganz entscheidend durch eigene Erfahrungen überformt werden. Da genau das bei uns Menschen der Fall ist, geraten wir bei der Partnerwahl leider allzu häufig in einen inneren Konflikt: Dann passt zwar der Geruch, aber nicht das Aussehen oder es passt das Aussehen, aber nicht das Wesen oder es passt das Wesen aber nicht die Haltungen und Vorstellungen. Jeder kennt diese Qual der Wahl. Sie macht uns immer dann zu schaffen, wenn zu viele und zu widersprüchliche Vorstellungen in unserem Kopf herumspuken und uns daran hindern, ein einmal entstandenes Bedürfnis oder einen inneren Impuls in eine entsprechende Handlung umzusetzen. Wir versuchen dann im Geist, die verschiedenen inneren Bilder als mögliche Handlungsoptionen gegeneinander abzuwägen, um auf diese Weise herauszufinden, wofür wir uns entscheiden sollen. Wenn das nicht gelingt, können wir sogar noch eine Stufe weitergehen und die Ernsthaftigkeit des Bedürfnisses hinterfragen, das uns in dieses Entscheidungsdilemma geführt hat. Ist dieses Bedürfnis jedoch so stark, dass es sich auch durch eine derartige geistige Anstrengung nicht unterdrücken lässt, so wählen wir schließlich eine der an unserem inneren Auge vorbeiziehenden Handlungsoptionen aus – und sagen später (wenn sich die Entscheidung als falsch herausgestellt hat), wir hätten unsere Wahl »wider alle Vernunft« getroffen.

Was in solchen Situationen in uns vorgeht, gleicht in mancher Hinsicht dem, was auch Tiere erleben, wenn sie in Situationen geraten, in denen sie gezwungen sind, sich für eine von mehreren Handlungsoptionen zu entscheiden. Ein Wachhund beispielsweise hat ein inneres Bild im Kopf, das immer dann aktiviert wird und eine entsprechende Verhaltensreaktion auslöst, wenn ein »Fremdling« in »sein Revier« eindringt. Unabhängig davon weiß er aber auch, wie eine Wurst aussieht und vor allem wie sie riecht und schmeckt. Jeder Einbrecher, der sich dem Revier des Hundes mit einer vorgehaltenen Wurst nähert, bringt ihn in ein Entscheidungsdilemma. Die Wahrnehmung des Einbrechers löst das eine Bedürfnis aus, der Geruch der Wurst das andere. Der Hund bleibt nun so lange handlungsunfähig und mit einem unschlüssigen Gesicht stehen, bis eines dieser beiden Bedürfnisse in ihm stärker geworden ist als das andere. Dann wird der entsprechende Handlungsimpuls ausgelöst und er frisst entweder die Wurst oder verbellt den Einbrecher. Was in dieser Phase der Entscheidungsfindung im Hirn eines Hundes vorgeht, können wir nur vermuten. Von uns selbst wissen wir, dass wir in solchen Situationen in der Lage sind nachzudenken. Wenn es sich um besonders schwierige Probleme handelt, die wir dabei in Gedanken hin- und herbewegen, verlieren wir dabei – wie der Hund – bisweilen sogar die Kontrolle über unsere Mimik und Gestik. Dann runzeln wir die Stirn, kratzen uns am Kopf oder sperren den Mund auf, weil wir vor lauter Denkanstrengung schließlich sogar die Kontrolle über jenen Muskel verlieren, der den Unterkiefer hochhebt. Wenn wir so etwas bei anderen Menschen beobachten, gehen wir zwar meist davon aus, dass auch sie gerade angestrengt nachdenken, aber sichere Indizien sind das nicht. Manche Menschen ziehen solche Grimassen auch absichtlich, um den Eindruck zu erwecken, sie dächten angestrengt nach, und andere haben ihre Mimik und Gestik so gut unter Kontrolle, dass man ihnen überhaupt nicht ansehen kann, ob sie tatsächlich denken oder nicht. Mit Hilfe bildgebender Verfahren ist es inzwischen möglich geworden, die im Hirn eines Menschen beim Denken generierten Erregungsmuster darzustellen. Aber dieses in Form bunter Bilder sichtbar gemachte Geflimmer zeigt lediglich, dass bestimmte Bereiche des Gehirns stärker, andere weniger stark aktiviert werden, wenn eine Versuchsperson in Gedanken verschiedene Handlungsoptionen durchgeht oder sich etwas Bestimmtes vorstellt.

Ob eine Handlung lediglich als inneres Bild in der Vorstellungswelt gedanklich vollzogen oder aber tatsächlich ausgeführt wird, lässt sich auch mit Hilfe dieser bildgebenden Verfahren nicht eindeutig klären. In beiden Fällen werden weitgehend identische innere Vorstellungsbilder wachgerufen. Das innere Bild des jeweils vorgestellten Handlungsablaufs, auch des erwarteten Ergebnisses einer bestimmten Handlung oder der Folgen einer zu treffenden Entscheidung, muss also, damit es gedanklich wachgerufen werden kann, bereits in Form spezifischer Verschaltungsmuster im Hirn vorhanden sein. Deshalb können wir nur das denken und uns nur das vorstellen, was wir bereits erfahren und erlebt und als inneres Bild in unserem Hirn verankert haben. Je häufiger diese einmal entstandenen Verschaltungsmuster durch eigene Erfahrungen und Erlebnisse aktiviert, durch eigenes Handeln erneut abgerufen oder in der bloßen Vorstellung wieder wachgerufen werden, desto stärker werden die daran beteiligten synaptischen Verbindungen und neuronalen Verschaltungen gefestigt und stabilisiert. Das gilt insbesondere dann, wenn die Aktivierung des betreffenden Verschaltungsmusters mit einer emotionalen Erregung und der dadurch ausgelösten vermehrten Freisetzung neuroplastischer Signalstoffe einhergeht. Deshalb können im Hirn eines Menschen, der mit starker emotionaler Beteiligung etwas erlebt, der immer wieder mit emotionaler Erregung an das Gleiche denkt oder der immer wieder auf die gleiche Weise emotional erregt reagiert und handelt, enorm starke innere Bilder in Form der dabei gebahnten Verschaltungsmuster entstehen. Diese sind dann besonders leicht wachrufbar und können unter Umständen bestimmend für das gesamte Denken, Fühlen und Handeln der Person werden. Dann wird nicht mehr nachgedacht, sondern reflexartig gehandelt – und zwar genau so, wie immer in solchen Situationen gedacht und gehandelt worden ist.

Je größer der Druck ist, unter dem ein Mensch steht, desto wahrscheinlicher wird es, dass er in solch alte, eingefahrene Denk-, Gefühls- oder Handlungsmuster zurückfällt. Deshalb braucht man immer dann, wenn es wirklich bedrohlich wird – zum Glück –, nicht allzu lang nachzudenken. Dann fällt einem gewissermaßen von selbst ein, was jetzt zu tun und zu lassen ist. Lange abwägen und mögliche Entscheidungsoptionen im Kopf immerfort hin- und herwälzen kann man eigentlich immer nur dann, wenn es nicht ums nackte Überleben geht, wenn es also im Grund ziemlich egal ist, ob man in dieser Situation so oder auch anders handelt. Immer dann, wenn das der Fall ist, denken wir aber meist sehr angestrengt nach. Dann lassen wir die verschiedenen Handlungsoptionen wieder und wieder im Geist an uns vorüberziehen, versuchen uns auszumalen, was passieren kann, wenn wir uns so oder so entscheiden. Manche Menschen verlassen sich dabei in erster Linie auf ihren Verstand, andere eher auf ihr Gefühl, die meisten versuchen es mit einer Mischung aus beidem.

Richtig Spaß macht das Denken aber erst dann, wenn es dabei um gar nichts geht, wenn man nichts zu entscheiden hat und einfach nur so, ohne Druck und ohne innere Unruhe vor sich hin denken und sich alles Mögliche vorstellen und zusammenreimen kann. Dieser spielerische, kreative Umgang mit unterschiedlichsten Bildassoziationen wird von fast allen Menschen als sehr entspannend und genussvoll empfunden. Das Denken selbst (also die in der Vorstellungswelt auftauchenden oder wachgerufenen Bilder) wird dann zum Impuls für das Weiterdenken. Auch hier haben manche Menschen eine besondere Freude daran, mit dem nacktem Verstand das eine Bild zum anderen zu fügen und dabei rein logische Kriterien einzuhalten. Anderen macht es mehr Spaß, sich intuitiv von einem assoziativen Bild zum nächsten tragen zu lassen. Leider findet sowohl die beglückende Gedankenakrobatik wie auch jeder beschauliche Spaziergang durch die Welt der eigenen inneren Bilder über kurz oder lang ein jähes Ende, sobald wieder ein Problem auftaucht, das tatsächlich irgendwie gelöst werden muss: ein brüllendes Kind, ein knurrender Magen oder – am häufigsten – Zeitmangel. So bleibt dann oftmals nur noch die Nacht, in der wir – wenn uns nicht auch dorthin die Probleme des Tages noch verfolgen – ungestört träumen können.

3.5 Bilder prägen das Zusammenleben

Was nicht durch eine anziehende Kraft zusammengeführt wird, findet nicht zueinander; und was nicht durch hinreichend starke Kräfte zusammengehalten wird, fällt wieder auseinander. Dieses banale Prinzip gilt für die kleinsten Strukturen der unbelebten Welt, für Atome und Moleküle ebenso wie für so riesige wie unser Sonnensystem. Es gilt für so feste und starke

Gebilde wie Steine und Felsen, aber auch für so hauchzarte wie eine filigrane Schneeflocke oder eine bizarr geformte Zirruswolke. Und natürlich gilt es auch für die vielfältigen Formen des Lebendigen, für all jene subzellulären Strukturen, die erst durch ihr Zusammenwirken eine Zelle bilden, für die Ansammlungen vieler Zellen, die sich zu einem Organismus formieren und für alle von vielzelligen Organismen in bestimmter Weise herausgeformten Gemeinschaften, sei es in Gestalt einer Flechte auf einem Felsen, eines Termitenstaates in der Savanne oder einer Affenhorde im tropischen Regenwald. Aber das Banale ist nicht immer leicht zu verstehen. Mit viel Mühe und großem apparativem Aufwand ist es den Physikern und Chemikern inzwischen gelungen, all jene Kräfte einigermaßen zu beschreiben, die Elementarteilchen dazu bringen, sich zu Atomen zusammenzuschließen, die die so geformten Atome zu Molekülen verbinden und die diese Moleküle anschließend so gruppieren und ordnen, dass daraus so etwas Kompliziertes wie ein als Schneeflocke geformtes Gebilde aus Eiskristallen entstehen kann.

All dieses Wissen über die Beschaffenheit und die Wirkungen anziehender und abstoßender Kräfte im Bereich der unbelebten Natur eignet sich jedoch nicht zur Beschreibung jener unsichtbaren Kräfte, die subzelluläre Strukturen zu Zellen, Zellen zu Organismen und Organismen zu Gemeinschaften zusammenfügen und zusammenhalten. Schon die Suche nach Antworten auf die allereinfachsten, uns selbst betreffenden Fragen macht die Grenzen und Beschränktheiten der bisher so erfolgreichen, von den Physikern geprägten, »objektiven« Denk- und Vorgehensweisen deutlich: Was ist das für eine Kraft, die zwei Menschen zusammenführt, die eine Familie, eine Sippe, eine Dorfgemeinschaft oder einen Sportverein zusammenhält? Wie lässt sich diese Kraft messen und woher kommt sie? Erwächst diese Kraft aus Gefühlen? Oder sind es sogar nur bloße Vorstellungen, die – weil sie ein gemeinsames Gefühle wecken – eine zusammenführende und zusammenhaltende Kraft entfalten? Kann man das, was Menschen miteinander verbindet, überhaupt von außen, als objektiver Beobachter erkennen oder gar messen?

Lassen sich innerhalb einer Gemeinschaft Bedingungen schaffen, die den Zusammenhalt ihrer Mitglieder stärken? Gibt es äußere Voraussetzungen, die das Entstehen solcher Bedingungen erleichtern oder erschweren? Das sind nicht nur lauter spannende Fragen, sondern angesichts der in allen westlichen Gesellschaften zu verzeichnenden Auflösungs- und Destabilisierungsprozesse immer drängender werdende Fragen, die aber keine einzelne Wissenschaftsdisziplin mehr allein beantworten kann.

Dort, wo es uns selbst betrifft, müssten die Antworten auf diese Fragen noch am leichtesten zu finden sein. Bekanntermaßen schließen sich Menschen immer dann besonders eng zusammen, wenn sie in Not geraten, in eine Not, die von außen kommt, die jeden Einzelnen in seiner Existenz bedroht und die nur durch eine gemeinsame Anstrengung zu überwinden ist. Aber Notlagen oder äußere Bedrohungen sind keine Kräfte, sie lösen lediglich etwas in uns aus, nämlich Angst. Angst aber ist keine Kraft, die Menschen zusammenführt. Eher ist die durch einen äußeren Feind, eine Naturkatastrophe oder eine andere allgemeine Gefahr ausgelöste Angst die Voraussetzung dafür, dass Menschen die Bereitschaft entwickeln, ihre bisherigen Ängste voreinander, vor der Aufgabe ihrer Autonomie und dem Verlust ihrer Freiheit vorübergehend zurückzustellen. Erst dadurch kann das hervortreten, was uns Menschen dazu bringt, aufeinander zuzugehen, uns zusammenzuschließen und gemeinsam nach einer Lösung zu suchen. Was das bewirkt, ist nicht die von allen empfundene Angst, sondern die von allen Menschen irgendwann im Leben, zumindest aber während der frühen Kindheit gemachte gemeinsame Erfahrung: dass sich die Angst überwinden lässt, wenn man näher zusammenrückt und zusammenhält.

Dass man gemeinsam stärker ist als allein, scheint eine Grunderfahrung aller Menschen zu sein. Aber es gibt Menschen, die sich kaum noch daran erinnern können, diese Erfahrung in ihrem bisherigen Leben je gemacht zu haben. Auch sie geraten bisweilen in Not. Auch sie empfinden Angst. In ihren

Augen jedoch bietet das Zusammenrücken keine Lösung. Zu oft sind sie von anderen Menschen allein gelassen, verletzt und enttäuscht worden. Sie können sich deshalb nicht mehr vorstellen, dass es möglich ist, einer Gefahr durch eine gemeinsame Anstrengung zu begegnen oder ein Problem durch die gemeinsame Suche nach einer Lösung zu bewältigen. Aber darunter, unter all diesen im Lauf ihres Lebens erlittenen Verletzungen und den daraus abgeleiteten Überzeugungen, existiert auch in ihrem Hirn ein älteres, sehr früh entstandenes Bild. Es ist eine in Form bestimmter neuronaler Verschaltungsmuster verankerte Erfahrung, die nur noch als Ahnung vorhanden ist und die erst dann wachgerufen und aus der Erinnerung hervorgeholt wird, wenn auch diese Menschen merken, dass es allein nicht mehr weitergeht. Dann formen sie mit ihren vor Verzweiflung und Schmerz verkrampften Lippen fast alle das gleiche Wort: Mutter. So bringen auch diese vereinsamten und verletzten Menschen auf sehr eindringliche Weise zum Ausdruck, dass es auch für sie noch etwas gibt, was sie mit anderen Menschen verbindet: ein tief im Hirn verankertes inneres Bild, das eine zu allen Zeiten und von allen Menschen gleichermaßen gemachte Erfahrung hinterlassen hat.

Jeder Mensch hat eine Mutter, die ihn zur Welt gebracht hat, und mit der er enger verbunden war, als er sich das später als Erwachsener noch vorstellen kann. Genau genommen reicht die Abfolge der durch solche frühe Bindungen geprägten, zusammenführenden und zusammenhaltenden Bilder sogar noch viel tiefer hinab in unsere Entwicklungsgeschichte. Jeder Mensch ist aus embryonalen Zellen entstanden, die sich im Verlauf der Embryonalentwicklung zu Gruppen formiert, zu Organanlagen und Organen, zu einem Neuralrohr und schließlich sogar zu einem Bilder generierenden Gehirn zusammengefügt haben. Auch all diese unterschiedlich ausdifferenzierten und spezialisierten Zellen sind ja ebenfalls aus einer einzigen, gemeinsamen »Mutter«, der befruchteten Eizelle hervorgegangen. Auch sie besitzen eine gemeinsame Geschichte und gemeinsame, verbindende »Erfahrungen«, also in ihrem Inneren festgehaltene Reaktions- und Handlungsmuster, die ihren Entwicklungsweg bestimmt und sie immer wieder zusammengeführt und zusammengehalten haben. Wir können sogar noch eine Stufe weiter in die eigene Lebensgeschichte hinabsteigen. Dann wird deutlich, dass auch die Eizelle und die Samenzelle, durch deren Verschmelzung diese Urmutter unserer Körperzellen entstanden ist, nicht vom Himmel gefallen sind. Auch sie haben ihre je eigene Geschichte, aber auch diese Geschichte knüpft nur erneut an die Geschichte einer befruchteten Eizelle und an die von ihr überlieferten inneren Bilder an. Ganz zuunterst stößt man dann auf Grundmuster, die die Zellen aller vielzelligen Organismen zusammenhalten: Gensequenzen für Adhäsionsmoleküle, für die Synthese und Bereitstellung von Signalstoffen und Rezeptoren und für all den anderen molekularen Kitt, der die Zellen eines Vielzellers nach jeder Teilung zusammenklebt. Diese unvorstellbare lange, bis zu den ersten Vielzellern zurückreichende Kette aufeinander aufbauender und sich dabei ständig erweiternder und die betreffende Lebensform zusammenhaltender innerer Bilder ist also eigentlich – zumindest für alle Lebewesen, die heute noch den Erdball bevölkern – niemals abgerissen. Aus allen Richtungen, von allen heute lebenden Menschen ebenso wie von allen Tieren, Pflanzen und Pilzen führt sie zurück bis dorthin, wo die ersten lebendigen Wesen mit der Fähigkeit entstanden sind, die Reaktionen, die ihren Aufbau steuern, an ihre Nachkommen weiterzugeben.

Was lebendig ist, wie immer es auch gestaltet und beschaffen sein mag, muss also nicht erst durch irgendwelche Kräfte zusammengefügt und zusammengehalten werden. In allem Lebendigen steckt bereits eine eigene zusammenhaltende, durch die fortwährende Überlieferung innerer Bilder gelenkte und geleitete Kraft. Diese durch innere Bilder vermittelte, informative, die physischen und chemischen Prozesse steuernde und deshalb meta-physische Kraft ist bis heute in allem, was lebt, wirksam. Nur die Bilder, über die diese Kraft sich in den verschiedenen Lebensformen realisiert, haben sich im Lauf der Evolution immer wieder verändert.

Die entscheidende Triebfeder für die Weiterentwicklung und Veränderung dieser Bilder waren die zwangsläufig immer wieder auftretenden Störungen des inneren Zusammenhalts der sich entwickelnden Lebensformen. Solche Störungen entstehen automatisch durch Wachstum und Vermehrung und die dadurch bedingte Verknappung von Ressourcen, durch Fehler bei der Weitergabe einmal entwickelter innerer Bilder von einer Generation zur nächsten, aber auch die Wirkungen äußerer, auseinander treibender Kräfte, durch Klimaveränderungen, durch die Entstehung natürlicher Barrieren oder durch Verknappung des Nahrungsangebots. Die Folge derartiger Störungen war eine Verschärfung des Wettbewerbs und die daraus resultierende Auslese der am besten an die jeweiligen Lebensverhältnisse angepassten Lebewesen. In diesem Wettbewerb ging es nicht nur um das individuelle Überleben, sondern vor allem um den Fortpflanzungserfolg, also um die Fähigkeit, die von den Vorfahren übernommenen und durch zufällige Veränderungen oder eigene Erfahrungen weiterentwickelten inneren Bilder an die Nachkommen zu überliefern.

Die sexuelle Vermehrung erwies sich als eine für diesen Zweck besonders geeignete Strategie. Die Durchmischung des väterlichen und mütterlichen Erbgutes und die später vor allem bei den Säugetieren immer bedeutsamer werdende gemeinsame Aufzucht der aus dieser Vereinigung hervorgegangenen Nachkommen sicherte nicht nur die Weitergabe der von beiden Eltern mitgebrachten genetischen Anlagen und der von ihnen erworbenen eigenen Erfahrungen. Sie ermöglichte auch eine immer neue Durchmischung und daraus resultierende Erweiterung dieser art-, familien- und kulturspezifischen inneren Bilder. Die dazu erforderliche Vereinigung und Verbindung der beiden Geschlechtspartner konnte jedoch nur gelingen, wenn es eine zusammenführende Kraft gab, die stärker war als alles Trennende, stärker als die Angst voreinander, stärker als die Fremdheit, stärker als die Konkurrenz, auch stärker als natürliche Barrieren und trennende Vorschriften und Traditionen. Diese enorm starke, die Geschlechter zusammenführende Kraft entsteht durch das Zusammenwirken von drei Komponenten: Einem »Motor«, der den Antrieb für eine sexuelle Vereinigung liefert, einem »Einschalter«, der diesen Motor in Gang setzt, und einem »Ausrichter«, der diese Kraft auf ein bestimmtes Objekt, also auf einen entsprechenden Geschlechtspartner hinlenkt. Es gibt Tiere, deren sexueller »Antriebsmotor« ständig aktiv ist, aber durch im Gehirn generierte hemmende Signale normalerweise an der Entfaltung einer entsprechenden Wirkung gehindert wird. Besonders gut lässt sich das bei männlichen Insekten, zum Beispiel bei Küchenschaben, beobachten. Deren Begattungsorgan wird immer dann automatisch »ausgefahren« und »aufgerichtet«, wenn man sie durch Abschneiden des Kopfes »hirnlos« macht. »Enthemmung« scheint also der ursprüngliche »Einschalter« für den Antrieb nach sexueller Vereinigung zu sein. Die Auslöser für die Enthemmung oder Aktivierung spezifischer sexueller Reaktions- und Handlungsmuster sind bei den verschiedenen Tierarten sehr unterschiedlich. Am häufigsten wirken zyklus-, jahreszeit- oder nahrungsbedingte Veränderungen der Synthese und Ausschüttung bestimmter Hormone stimulierend oder hemmend auf die zentralnervösen Kontrollmechanismen. Es gibt auch bestimmte sinnliche Wahrnehmungen, die besonders effektiv in diese Mechanismen hineinwirken. Hier reicht das Spektrum der Auslöser von sexuellen Düften und Lockstoffen über sexuell anregende optische Eindrücke bis hin zu den sexuellen Phantasien, die den Antriebsmotor bei uns Menschen bisweilen ebenso »enthemmen« wie die Einnahme sexuell enthemmender Drogen (Aphrodisiaka).

Der die sexuelle Vereinigung antreibende Motor ist also auch bei uns Menschen in Form bestimmter innerer Reaktionsmuster angelegt. Die Aktivierung bestimmter, diesen Motor in Gang setzender oder enthemmender Verschaltungsmuster in unserem Gehirn durch entsprechende »Auslöser« weckt das Bedürfnis nach sexueller Vereinigung und die Suche nach einem geeigneten Partner. Diese Suche wiederum wird von mehr oder weniger klar vor Augen stehenden inneren Bildern geleitet.

Diese, die Partnerwahl lenkenden inneren Bilder waren ursprünglich ebenfalls als angeborene Verschaltungsmuster im Gehirn angelegt. Sie wurden aber mit der Herausbildung immer lernfähigerer Gehirne zunehmend durch Prägungen während der frühen Kindheit überformbar und präzisierbar. Beim Menschen werden diese während der Kindheit entstandenen inneren Bilder eines »idealen« Partners für die sexuelle Vereinigung durch im späteren Leben gemachte eigene Erfahrungen ständig weiter modifiziert und an die jeweils vorgefundenen Gegebenheiten und die (noch) vorhandenen Möglichkeiten angepasst.

Die von diesen inneren Bildern gelenkte Partnerwahl hat wesentlich weiter reichende Folgen, als man zunächst glauben mag. Wenn nämlich sehr viele Individuen einer Art oder einer Population ein ganz bestimmtes inneres Bild benutzen, um zu entscheiden, wer als geeigneter Fortpflanzungspartner betrachtet und zur Reproduktion ausgewählt wird, so verringern sich automatisch die Fortpflanzungschancen all jener Individuen der betreffenden Population, die diesem Bild nicht so recht entsprechen. Sexuelle Selektion nennen die Evolutionsbiologen diesen Auslesemechanismus, der innerhalb relativ kurzer Zeitspannen dazu führt, dass nicht nur bestimmte körperliche Merkmale (und die für die Herausformung dieser Merkmale verantwortlichen DNA-Sequenzen und Gen-Kombinationen) innerhalb einer Population immer stärker und von immer mehr Individuen herausgebildet werden. Ein besonders anschauliches Beispiel hierfür ist die selektive Vergrößerung und die spezifische Strukturierung der Schwanzfedern von Pfauenhähnen. Die dafür erforderlichen Anlagen haben sich nur deshalb bei den Vorfahren der heutigen Pfauen durchgesetzt und ausgebreitet, weil die Pfauenhennen ihre Partner über viele Generationen hinweg immer wieder gezielt danach auswählten, welcher der um sie werbenden Hähne dem in ihrem Hirn angelegten inneren Bild von einem »optimalen Hahn« am besten entsprach. Das war derjenige, der in ihren Augen den größten und schönsten Schwanz im Balztanz präsentieren konnte. Auch die Herausbildung einiger markanter körperlicher Merkmale, mit denen wir

Menschen ausgestattet sind, verdanken wir offenbar diesem sehr wirksamen sexuellen Ausleseverfahren. Neben der Nacktheit und der gleichzeitigen Erhaltung einer auffälligen Körperbehaarung an bestimmten Stellen zählen hierzu die typischen, von den Männern noch heute besonders hoch bewerteten sexuellen Attribute von Frauen – große Brüste, schmale Taille, knackiger Po – ebenso wie einige körperliche Merkmale von Männern, die von Frauen offenbar seit jeher zumindest in unserem Kulturkreis besonders geschätzt worden sind – breite Schultern, kantiges Kinn, stählerner Blick und – wenngleich heute oft abrasiert – ein Bart. Die jeweiligen Vorlieben und damit die Ausprägung dieser Merkmale variieren in den verschiedenen Kulturkreisen erheblich, und natürlich ist es immer wieder im Verlauf der Entwicklung in einzelnen Kulturkreisen zu gewissen Veränderungen dieser allgemeinen Kriterien für die Partnerwahl – und damit zur entsprechenden Änderungen der Ausprägung dieser geschlechtsspezifischen körperlichen Merkmale – gekommen.

Innere Bilder haben jedoch nicht nur die Herausbildung besonders attraktiv bewerteter körperlicher Merkmale bestimmt. Auch von Männern und Frauen gehegte Vorstellungen über bestimmte psychische, also seelische oder gar moralische Qualitäten, mit denen der jeweilige Fortpflanzungspartner ausgestattet sein sollte, waren für die Partnerwahl von nicht zu unterschätzender Bedeutung. Männer, die eine hohen sozialen Status erworben hatten oder über Fähigkeiten verfügten, die das Erreichen eines solchen Status möglich erscheinen ließen, hatten seit jeher bessere Chancen bei Frauen und damit bessere Voraussetzungen, um die diesen Eigenschaften zugrunde liegenden genetischen Anlagen oder erworbenen Verhaltensmuster an Nachkommen weiterzugeben. Und Frauen wurden immer dann bevorzugt für die Reproduktion ausgewählt, wenn sie all jene psychischen Qualitäten besaßen, die den Männern eines bestimmten Kulturkreises für die Aufrechterhaltung oder Verbesserung des eigenen Status besonders günstig erschienen. Gleichzeitig – und das war möglicherweise das wirklich entscheidende und während der gesamten Menschheitsgeschichte in allen Kulturen für den Fortpflanzungserfolg bedeutsame Kriterium der Partnerwahl sowohl von Männern als auch von Frauen – musste der jeweilige Fortpflanzungspartner die für eine gelingende Aufzucht der gemeinsamen Kinder erforderlichen psychoemotionalen Eigenschaften besitzen: Einfühlungsvermögen, Umsicht und Verlässlichkeit, also das, was wir heute als emotionale und soziale Kompetenz bezeichnen. Diese hochkomplexen, während der frühen Kindheit durch Erziehung und Sozialisation erworbenen Fähigkeiten und die ihnen zugrunde liegenden Anlagen sind durch den Prozess der sexuellen Selektion während der gesamten Phase der Menschheitsentwicklung bevorzugt ausgelesen worden – anhand von inneren Bildern, die aufgrund eigener Erfahrungen in den Gehirnen der jeweiligen Männer und Frauen entstanden waren. Je stärker die Partnerwahl von der klaren Vorstellung oder dem dumpfen Gefühl geleitet wurde, welche psychischen Qualitäten eine gute Mutter oder ein guter Vater zu besitzen hatte, desto stringenter konnten diese Merkmale in einem bestimmten Kulturkreis herausgebildet und zur Erziehung und Sozialisation der jeweiligen Kinder genutzt werden.

3.6 Bilder verändern die Welt

Immer dann, wenn Getrenntes verbunden und Auseinanderstrebendes zusammengehalten wird, kann auch etwas wachsen. Kristalle wachsen auf diese Weise, Pilze auch, Pflanzen und Tiere sowieso, aber auch Ameisenstaaten, Vogelkolonien oder menschliche Gemeinschaften. Selbst das, was Menschen gemeinsam hervorbringen, Siedlungen, Unternehmen oder Bibliotheken, auch Netzwerke, Vorschriften und Visionen, wachsen unter solchen Bedingungen. Was aber durch dieses Wachstum entsteht und welche sichtbaren materiellen Formen, aber auch unsichtbaren immateriellen Phänomene sich dabei herausbilden, hängt von der Art und Weise ab, wie sich Moleküle, Zellen, Individuen oder auch deren Kenntnisse, Vorstellungen und Ideen zusammenfügen. Zusammenfügen kann sich nur, was zueinander passt. Passend kann etwas deshalb sein, weil es über die gleichen Grundstrukturen, die gleichen Muster, also über identische innere Bilder verfügt. Das ist immer dann der Fall, wenn das eine sehr unmittelbar aus dem anderen hervorgegangen ist. Ein Kind aus einer elterlichen Familie, Menschen aus einem Dorf, Gemeinschaften aus einem Kulturkreis.

Eine gemeinsame Herkunft oder nahe Verwandtschaft und die dadurch bedingte Passgenauigkeit der übernommenen gemeinsamen Muster, Ideen und Vorstellungen ist also eine wichtige Voraussetzung dafür, dass sich etwas zusammenfügt und somit wachsen kann. Zueinander passen kann aber auch etwas, was sich zwar zuerst aus einer gemeinsamen Wurzel, dann aber in unterschiedliche Richtungen weiterentwickelt hat, so dass es dabei zur Ausbildung komplementärer, einander ergänzender Grundstrukturen, Muster, Vorstellungen und Ideen gekommen ist. Dann passt etwas nicht deshalb zusammen und kann wachsen, weil es identisch ist, sondern weil es sich gut ergänzt. Auch dafür gibt es in der Natur zahlreiche Beispiele. Hierzu zählen nicht nur die vielfältigen Lebensgemeinschaften zwischen Einzellern und Vielzellern, Pflanzen und Tieren, Tieren und Menschen. Auch innerhalb menschlicher Gemeinschaften gibt es sehr unterschiedliche, einander ergänzende Konstitutionen, Fähigkeiten und Vorstellungen, zum Beispiel zwischen Alten und Jungen, zwischen Männern und Frauen, zwischen Theoretikern und Praktikern. Auch die oft sehr gegensätzlichen Vorstellungen und Erwartungen von Zulieferern und Herstellern, Produzenten und Konsumenten, Verkäufern und Kunden passen bisweilen sehr gut zusammen. Dann wächst die Wirtschaft. Und wenn all das, was Parteien, Vereine und Verbände anzubieten haben, genau zu dem passt, was breite Bevölkerungsschichten wünschen, dann wächst auch deren Anhängerschaft und Einfluss.

Alles was lebt, kann also auf die eine oder andere Weise wachsen. Aber es wächst nicht immer gleich. Beim Wachsen kommt es immer wieder zu Fehlern. Und durch solche Fehler entsteht immer wieder etwas, was nicht mehr so recht zu dem passt, was bisher da war. Das kann ein mutierter DNA-Strang sein, eine in ihrer Struktur oder Funktion von allen anderen abweichende Zelle, ein etwas anders ausgebildeter Organismus, eine eigentümlich organisierte Gesellschaft oder Gemeinschaft oder auch eine neue Idee oder eine zunächst abstrus erscheinende Vorstellung. Meist gehen diese neuartigen Muster und Gebilde zugrunde. Aber manchmal sind entweder die aufgetretenen Veränderungen der inneren Struktur oder die äußeren Umstände so beschaffen, dass das Neue doch zu etwas anderem, das schon da ist, passt und es so selbst wachsen und sich vermehren kann. Indem es beim Wachsen Fehler macht, schafft also alles, was lebendig ist, selbst immer wieder die Voraussetzung dafür, dass es – wenn nicht mehr so wie bisher, dann eben auf andere Weise – weiterwachsen kann. Da jedes Wachstum zwangsläufig zu einer Verknappung der erforderlichen Ressourcen führt, verändern sich automatisch immer auch die Bedingungen, die darüber entscheiden, ob und wie gut nun noch etwas zusammenpasst. Ein Kristall kann in einer Salzlösung nur so lange wachsen, bis die Konzentration der darin befindlichen Bausteine so weit abgesunken und damit deren »Bewegungsfreiheit« so groß geworden ist, dass weitere passgenaue Anlagerungen immer unwahrscheinlicher werden. Auch alles Lebendige verändert, indem es wächst, die für sein weiteres Wachstum erforderlichen Voraussetzungen. Durch die Fehler, die bei der Weitergabe der seine Struktur bestimmenden inneren Bilder auftreten, verändert sich aber die betreffende Lebensform immer auch selbst. Von den auf diese Weise entstehenden Variationen können all jene Formen weiterwachsen und ihre jeweiligen inneren Bilder an die nachfolgende Generation weitergeben, die unter den durch das eigene Wachstum veränderten Lebensbedingungen immer noch am besten zueinander passen. Deshalb ist Leben immer auch Veränderung, und diese Veränderung vollzieht sich in einem ständig fortschreitenden Entwicklungsprozess. Die Richtung dieses Prozesses wird einerseits durch die beim Wachsen von den jeweiligen Lebensformen erzeugten Veränderungen ihrer eigenen, bisherigen Lebenswelt, andererseits durch die ebenfalls beim Wachsen auftretenden Veränderungen der inneren Bilder und Muster bestimmt, die die Strukturierung der betreffenden Lebensformen lenken.

Je weiter die Entwicklung des Lebens auf unserer Erde in dieser Weise voranschritt, desto differenzierter und vom zuvor erreichten Entwicklungsstand abhängiger wurden die jeweils neu hinzukommenden Lebensformen. Aus den anfangs noch sehr einfachen Bauplänen für die schnell wachsenden und sich rasch vermehrenden Einzeller entstanden so immer kompliziertere genetische Muster für den Aufbau langsamer wachsender und sich weniger rasch vermehrender, dafür aber immer komplexer strukturierter Vielzeller. Aus den primitiven Nervensystemen der ersten Tiere entstand das komplizierte, lernfähige Gehirn des Menschen mit der Fähigkeit, selbst innere Bilder in Form von Ideen und Vorstellungen zu erzeugen, diese an andere Menschen weiterzugeben und an nachfolgende Generationen zu überliefern. Aus dem ursprünglich noch von DNA-kodierten Mustern gelenkten, noch rein stoffliche Wachstum ist auf diese Weise ein nichtstoffliches, durch die Verbreitung von inneren, das Denken, Fühlen und Handeln bestimmenden Bildern gelenktes, geistiges Wachstum geworden. Die von den ersten Lebensformen entwickelte Fähigkeit, innere Bilder zu übernehmen, zu erweitern und zur Lenkung des eigenen Wachstums und zur Aufrechterhaltung der eigenen inneren Ordnung zu nutzen, hat damit eine neue Qualität angenommen: Das bis dahin sichtbare und messbare Wachstum ist in ein immaterielles, nicht sichtbares und nicht messbares Wachstum umgeschlagen. Leben ist – wenngleich noch immer an materielle Strukturen gebunden – zu einem geistigen Wachstumsprozess geworden.

Jeder, der sich heute auf der Welt umschaut, wird schnell bemerken, dass dieser Prozess durchaus noch nicht dort angekommen ist, wo er einmal ankommen könnte. »Der Übergang vom Affen zum Menschen sind wir«, mit dieser knappen Feststellung hat bereits Konrad Lorenz sehr bildhaft den gegenwärtigen Stand dieses Entwicklungsprozesses beschrieben: Wir haben zwar schon eine Ahnung, ein blasses Bild davon im Kopf, was aus uns werden könnte. Gleichzeitig schleppen wir aber noch immer eine Vielzahl unterschiedlicher, aus unserer Vergangenheit mitgebrachter und fest im Hirn verankerter Bilder mit uns herum, die uns daran hindern, zu dem zu werden, was wir werden könnten. Wir wissen, dass wir die Probleme, die wir mit diesen alten, unser bisheriges Denken, Fühlen und Handeln bestimmenden Vorstellungen erzeugt haben, nur noch durch eine gemeinsame Anstrengung bewältigen können. Aber diese alten, von unseren jeweiligen Vorfahren entwickelten und über Generationen hinweg erfolgreich benutzten Welt-, Feind- und Menschenbilder haben sich tief in die Gehirne der Nachkommen eingegraben, sie sind noch immer so fest im kollektiven Gedächtnis von Familien, Sippen, Stämmen und Volksgruppen verankert und werden durch Gesetze, Glaubens- und Verhaltensregeln und Vorschriften so stark befestigt, dass sie die inzwischen notwendige über alle Unterschiede hinausgehende, gemeinsame Suche nach Lösungen bis heute weitgehend verhindern.

Es ist schwer, diese alten Bilder loszuwerden. Schließlich haben die Menschen verschiedener Herkunft diese teilweise sehr unterschiedlichen Bilder über Generationen hinweg als gemeinsame, familien-, gruppen-, schichten- und kulturspezifische innere Orientierungen erfolgreich zur Organisation ihres Zusammenlebens und zur Gestaltung ihrer jeweiligen Lebenswelten genutzt. Getragen und geleitet von diesen Vorstellungen wurden zum Teil sehr unterschiedliche familien-, gruppenschichten- und kulturspezifische Lebensbedingungen geschaffen, die nun ihrerseits wieder zur Stabilisierung und Aufrechterhaltung der ihnen zugrunde liegenden Vorstellungen, auch der jeweiligen Welt-, Feind- und Menschenbilder beitragen.

Und wenn sie nicht gestorben sind, dann leben sie noch heute ... Glücklicherweise enden so nur die Märchen. Im tatsächlichen Leben bestimmen die Vorstellungen, Ziele und Orientierungen, mit denen wir uns auf den Weg machen, ja lediglich die Richtung, die wir einschlagen. Was wir bei dem Versuch, in eine bestimmte, von irgendwelchen inneren Bildern geleitete Richtung voranzuschreiten, tatsächlich anrichten, auf welche konkrete Weise und in welchem Ausmaß wir unsere bisherige Lebenswelt verändern, hängt von dem jeweiligen Wissen, den Fähigkeiten und Fertigkeiten ab, über die wir verfügen und die wir zum Erreichen dieser Ziele einsetzen. Die Orientierung bietenden Vorstellungen von Familien, Sippen oder Kulturgemeinschaften bleiben oft über Generationen hinweg so, wie sie einmal waren. Die einer Gemeinschaft zur Verfügung stehenden Kenntnisse, ihre Fähigkeiten und Fertigkeiten wachsen jedoch ständig weiter. Das Wissen vermehrt sich, die Fähigkeiten werden verbessert, die Fertigkeiten vervollkommnet. Dieses Wachstum vollzieht sich in unterschiedlichen Gesellschaften in Abhängigkeit von der jeweiligen Ausgangssituation – also dem bis dahin erreichten Wissensstand und den bis dahin bereits entwickelten technischen Möglichkeiten – unterschiedlich rasch und erstreckt sich – in Abhängigkeit von der jeweiligen Zielorientierung – auf ganz bestimmte Bereiche. Aber die Folgen des unvermeidlichen Erkenntniszuwachses und des damit einhergehenden technologischen Fortschritts sind immer und überall gleich: Das neu hinzugekommene Wissen und die neu erlangten Fähigkeiten passen über kurz oder lang nicht mehr zu den alten tradierten Weltbildern und den daraus abgeleiteten Orientierungen. Die alten Bilder müssen erweitert und die Ziele müssen neu definiert werden. Vor allem dann, wenn ein Orientierung bietendes Ziel einigermaßen klar umschrieben ist und der betreffenden Gemeinschaft als deutliches inneres Bild vor Augen steht, kann der technische Fortschritt auch dazu führen, dass dieses Ziel über kurz oder lang auch wirklich erreicht wird. Dann freilich hat die betreffende Gemeinschaft ihre gemeinsame bisherige Orientierung verloren. Gleichzeitig verursacht aber der Einsatz neuer, effizienterer Technologien zwangsläufig eine Reihe weiterer, zunächst nicht beabsichtigter und auch nicht vorausgesehener Veränderungen der bisherigen Lebenswelt. Diese treten nun als neue Probleme zutage und müssen ebenfalls gelöst werden. Zu diesem Zweck werden neue Vorstellungen entwickelt, neue Ziele definiert und neue Visionen entworfen, die fortan ihrerseits als neue innere Orientierungen die weitere Entwicklung der betreffenden Gemeinschaft und der von ihr zum Erreichen dieser Ziele eingesetzten Mittel und Technologien bestimmen. Abermals kommt es nun zu erneuten, zunächst nicht bedachten oder nicht vorausgesehenen Veränderungen der bisherigen Lebenswelt und damit zu neuartigen Problemen, die ihrerseits gelöst werden müssen, und so weiter. Die betreffende Gemeinschaft ist so schließlich irgendwann nur noch mit der Behebung der von ihr selbst erzeugten Probleme befasst.

Je zahlreicher und verschiedenartiger diese Probleme werden, desto stärker wächst auch die Gefahr der Auflösung ihrer sozialen Strukturen aufgrund eines fortschreitenden Verlustes zusammenhaltender, ihre innere Organisation und Ordnung lenkender, Orientierung bietender innerer Bilder. Wenn dieser Zustand erreicht ist, kann die betreffende Gesellschaft dem drohenden Kollaps nur durch drei unterschiedliche Strategien begegnen: Sie kann erstens versuchen, ein ganz bestimmtes Problem aus der Vielzahl der tatsächlich vorhandenen Probleme herauszugreifen und in den Mittelpunkt aller gemeinsamen Anstrengungen der Mitglieder dieser Gemeinschaft zu stellen (Ablenkung durch Schaffung eines neuen Feindbildes oder einer neuen Vision, z. B. eines Fluges zum Mars). So wird eine neue Orientierung in Form einer gemeinsamen Vorstellung zur Lösung genau dieses Problems geschaffen. Mit dieser Strategie lässt sich die drohende Auflösung der Gesellschaft jedoch allenfalls eine Zeit lang aufhalten, aber nicht dauerhaft verhindern. Das Gleiche gilt auch für die zweite Strategie. Sie erschöpft sich in dem Versuch, zu expandieren, also die Lösung der selbst erzeugten Probleme auf eine immer größer werdende Gemeinschaft zu verteilen und die dort noch vorhandenen unterschiedlichen Ressourcen zur Lösung oder Abschwächung ebendieser Probleme zu nutzen (Globalisierung). Die dritte Strategie ist die schwierigste, aber dafür die einzige, die Stabilität, Wachstum und Weiterentwicklung dauerhaft ermöglicht. Sie ist aber auch die banalste: Es ist der Versuch, eine gemeinsame, für alle Menschen und alle Gemeinschaften unterschiedlichster Herkunft und unterschiedlichster Entwicklungsstandards gleichermaßen gültige und attraktive Visionen zu schaffen, ein sich global verbreitendes und im Gehirn aller Menschen verankertes inneres Bild zu erzeugen. Ein Bild, das zum Ausdruck bringt, worauf es im Leben, im Zusammenleben und bei der Gestaltung der Beziehungen zur äußeren Welt wirklich ankommt: auf Vertrauen, auf wechselseitige Anerkennung und Wertschätzung, auf das Gefühl und das Wissen, aufeinander angewiesen, voneinander abhängig und füreinander verantwortlich zu sein.

4. Bilder, die das Werden lenken

Es gibt Begegnungen, die man so schnell nicht wieder vergisst. Es sind schon einige Jahre vergangen, aber ich erinnere mich noch genau. Ich saß allein in einem Abteil im Zug nach Zürich und war mit der Durchsicht der Druckfahnen eines Buches beschäftigt. Als in Frankfurt ein Mann mit einem Koffer zustieg, begann ich, meine auf die leeren Sitze verteilten Papiere zusammenzukramen, um Platz für ihn zu machen. Er wartete geduldig, bis ich meine Blätter wieder geordnet hatte, und setzte sich dann auf den freigeräumten Fensterplatz mir gegenüber. Auf dem Deckblatt meines Papierstapels stand mit großen Buchstaben der geplante Buchtitel: »Kinder brauchen Wurzeln«. Das schien den Herrn zu interessieren, denn er erkundigte sich, was das denn heißen solle, »Kinder brauchen Wurzeln«. Ich erklärte ihm, dass das ein Buch über die Bedeutung Sicherheit bietender Bindungsbeziehungen während der frühen Kindheit werden solle und dass darin beschrieben werde, wie die frühen Bindungserfahrungen eines Kindes seine gesamte weitere Entwicklung bestimmen. »Und wenn man als Kind keine Gelegenheit hatte, solche sicheren Bindungen zu seinen Eltern oder irgendwelchen anderen Bezugspersonen zu entwickeln«, fragte er skeptisch, »dann …?« »Ja, genau«, fiel ich ihm ins Wort »dann haben diese Kinder große Probleme, sich später im Leben zurechtzufinden. Sie bleiben unsicher und ängstlich, klammern sich an allen möglichen Vorstellungen fest, viele werden sogar drogensüchtig oder kriminell.« »Aha«, sagte der Herr, »das ist ja sehr interessant«. »Ja«, fügte ich noch an, »das ist durch eine ganze Reihe neuer wissenschaftlicher Untersuchungen inzwischen sehr gut dokumentiert«. »So, so«, sagte der Herr, »sehr interessant, aber ich glaube nicht, dass das stimmt. Ich glaube es nicht nur, ich weiß, dass das nicht stimmen kann. Ich selbst bin der lebende Beweis dafür.«

Jetzt begann ich mich für diesen Mann zu interessieren. Er wollte auch nach Zürich. Dort hatte er eine große international erfolgreiche Rechtsanwaltskanzlei aufgebaut. Gerade kam er von einer Besprechung des Währungsfonds aus Frankfurt und übermorgen hatte er seinen nächsten Termin in New York. Er war etwa so alt wie ich. Jetzt begann er, mir seine Gesichte zu erzählen. Seine Mutter war nach der Geburt nicht mit ihm zurechtgekommen und psychotisch geworden. Ein Vater war nicht da. Auch später hat er nie etwas über ihn erfahren. Er kam gleich nach der Geburt zu einer Tante, die sich ein halbes Jahr als Amme mit ihm abmühte. Er war ein so genanntes »Schreibaby«, an dessen Gebrüll die Tante schließlich verzweifelte. Sie gab ihn an eine andere Verwandte weiter, die ebenfalls nicht mit ihm zurechtkam. So wurde er über mehrere Stationen weitergereicht, bis er im Alter von etwa drei Jahren als »schwer erziehbares Kind« im Kinderheim landete. Hier begann für ihn eine Odyssee, von Heim zu Heim, quer durch Deutschland. Bis zur Pubertät hatte er ein Dutzend dieser Einrichtungen durchlaufen. In keiner war er länger als ein Jahr geblieben. Er bestätigte, dass für die meisten seiner Mitinsassen, die er in all diesen Heimen kennen gelernt hatte, auch wirklich das zutreffe, was ich da in diesem Buch geschrieben hatte. Sie seien schwierige Menschen geworden, oft ohne Schulabschluss, und manche von ihnen waren tatsächlich später dissozial, kriminell oder drogenabhängig geworden. Er aber nicht. Er hatte sein Abitur gemacht, Jura studiert und sein Leben ja doch recht gut gemeistert. Das schien mir auch so.

Ich war etwas ratlos. Mein ganzes schönes Theoriegebäude war heftig ins Schwanken geraten. »Aber irgendetwas«, fragte ich, etwas kleinlaut geworden, »irgendein positives Erlebnis muss es doch in Ihrer Kindheit gegeben haben, das sie so stark gemacht hat und das Ihnen die Kraft gegeben hat, diesen ganz anderen Weg als Ihre Mitschüler für sich zu entdecken und dann auch zu gehen?« »Ja«, sagte der Herr, »da haben sie Recht. So etwas gab es. Als ich etwa zehn Jahre alt war, traf ich in einem dieser Heime auf einen Lehrer. Der war ganz anders als all die anderen. Er war der erste Mensch, dem ich bis dahin begegnet war, der mich wirklich angeschaut und mich – so, wie ich war – einfach angenommen hat. In welchen Fächern er mich damals unterrichtete, weiß ich nicht mehr. Es war nur so, dass mir die Schule – oder besser: das Lernen überhaupt – nun auf einmal richtig Spaß zu machen begann. Irgendwie hat es dieser Lehrer geschafft, in mir das Gefühl zu wecken, wirklich wichtig zu sein. Er hat mir zum ersten Mal gezeigt, dass ich etwas konnte und dass es irrsinnig viel Freude macht, neugierig zu sein und die Welt zu entdecken. Auch in Büchern. Ich begann viel zu lesen und fand auf einmal alles, was in diesen Büchern stand, unglaublich spannend. So wurde ich auch in der Schule immer besser. Nach einem halben Jahr kam ich allerdings schon wieder in ein anderes Heim. Dort hatte ich wieder andere Lehrer, aber meine Lust am Lernen habe ich nicht wieder verloren. Irgendwie habe ich das Bild von diesem einen, entscheidenden Lehrer seither immer in mir getragen. Es ist, als hätte er mich damals auf ein anderes Gleis gesetzt, meinem Leben eine neue Richtung oder erstmals überhaupt eine Richtung gegeben. Ich habe ihn übrigens vor einigen Jahren in der Stadt, wo dieses Heim war, ausfindig gemacht und besucht. Mit einem großen Blumenstrauß und einer Flasche Wein wollte ich mich bei ihm bedanken. Er war inzwischen schon über achtzig, aber immer noch hellwach. Ich habe ihm gesagt, wie dankbar ich bin, dass er mich damals so offen und so warmherzig angenommen und auf den Weg geschickt hat. Aber er wollte davon nichts wissen. Er habe in all den Jahren so viele Schüler gehabt. An mich könne er sich gar nicht mehr so recht erinnern.«

»In Kürze, meine Damen und Herren, erreichen wir Zürich. Wir wünschen ihnen einen schönen Aufenthalt und bedanken uns, dass sie mit uns gefahren sind. Auf Wiedersehen!«, tönte es aus den Lautsprechern. Dem Anwalt mit seiner außergewöhnlichen Heimkarriere bin ich leider nie wieder begegnet. Aber auf der letzten Seite meiner Druckfahnen habe ich nach dieser Begegnung noch einen Satz angefügt: »Es ist nie zu spät.«

4.1 Bilder, die sich öffnen und erweitern

Es gibt kaum etwas Beglückenderes als diese leider viel zu seltenen Momente im Leben, in denen man spürt, wie der von all den tagtäglich zu lösenden Problemen gar zu eng gewordenen Blick sich plötzlich wieder zu weiten beginnt, wie einem das Herz aufgeht und die Ideen übersprudeln. Solche Momente sind Sternstunden, in denen man eine Ahnung davon bekommt, wie es wäre, wenn …, ja, genau …, wenn man die Welt wieder so unbefangen und so vorurteilslos betrachten könnte wie ein Kind. Als ob jemand einen alten Vorhang beiseite gezogen hätte, sind all die festgefahrenen und festgezurrten Bilder, die man als Erwachsener im Kopf hat, in solchen Augenblicken verschwunden. Der Kopf ist plötzlich wieder frei, man kann tief durchatmen und spürt auf der nun nicht mehr durch einen Vorhang verdeckten inneren Bühne der eigenen Phantasie seine Flügel wieder wachsen.

Was in diesen außergewöhnlichen Momenten im Gehirn passiert, ist jedoch durchaus nichts Ungewöhnliches. Eigentlich tritt hier etwas nur zutage, was in der Konstruktion des menschlichen Gehirns von Anfang an angelegt ist: Die Fähigkeit zur Öffnung und Erweiterung der großen Bühne, auf der die von bestimmten inneren Bildern gelenkten Stücke aufgeführt werden.

Bei etwas genauerer Betrachtung stellt sich sogar heraus, dass es sich bei dieser Fähigkeit zur Öffnung und Erweiterung handlungsleitender innerer Bilder um eine Fähigkeit handelt, die sich zwangsläufig aus der Beschaffenheit der für die Erzeugung, Speicherung und Weitergabe innerer Muster genutzten »Matrix« ergibt. Das gilt nicht nur für das Gehirn, sondern auch schon für das Genom, also für die im Zellkern verankerten Nukleinsäuresequenzen. Und es gilt ebenso für das kollektive Gedächtnis, also die Gesamtheit der von einer menschlichen Gemeinschaft tradierten und genutzten handlungsleitenden Kenntnisse, Vorschriften und Orientierung bietenden Ideen und Visionen.

All diese, auf den verschiedenen Ebenen der Organisation lebender Systeme benutzten »Informationsträger« sind so beschaffen, dass sie die Fähigkeit zur Öffnung und Erweiterung der von ihnen hervorgebrachten, genutzten und weitergegebenen inneren Bilder automatisch in sich tragen. Die Neigung zur Verlängerung und Verdopplung von Gensequenzen ist eine immanente Eigenschaft der als Informationsträger genutzten DNA. Die Erzeugung neuer Ideen und Vorstellungen ist eine immanente Eigenschaft lernfähiger Gehirne, und die Tendenz zur ständigen Erweiterung des kollektiven Gedächtnisses ist eine zwangsläufige Folge des Wissenszuwachses jeder Gemeinschaft.

Auf keiner dieser Entwicklungsstufen entsteht aber durch solche Erweiterungen ein wirklich neues Bild. Es wird immer nur ein bereits vorhandenes, handlungsleitendes Muster durch ein weiteres, aus einem alten Bild abgeleitetes, irgendwie modifiziertes oder aus verschiedenen älteren Bildern neu zusammengefügtes Muster ergänzt. Deshalb ist jede neue DNA-Sequenz, jeder neue Gedanke und jede kollektive Vorstellung auf einen entsprechenden Vorläufer, auf ein bestimmtes inneres Bild, das schon vorher da war, rückführbar. Umgekehrt ist – allerdings nur theoretisch – jedes bereits vorhandene Bild in beliebiger Weise erweiterbar. Praktisch jedoch sind solchen Erweiterungen enge Grenzen gesetzt. Diese Grenzen treten vor allem dann besonders deutlich zutage, wenn es sich um Erweiterungen handlungsleitender Muster handelt, die selbst in ein größeres, übergreifendes oder gar übergeordnetes inneres Bild integriert sind. Eine einzelne DNA-Sequenz kann sich nur dann verdoppeln oder verlängern, wenn dadurch nicht das »Gesamtbild« aller DNA-Sequenzen einer Zelle, also die generelle Steuerungsfähigkeit der in diese Zelle ablaufenden Prozesse, in Frage gestellt wird. Das genetische Muster der einen vielzelligen Organismus hervorbringenden befruchteten Eizelle kann sich nur dann erweitern oder verändern, wenn dadurch nicht die Entwicklung und Differenzierung aller anderen diesen Organismus konstituierenden Zellen gestört und damit dessen Überleben gefährdet wird. Eine neue handlungsleitende Vorstellung kann im Gehirn nur dann entstehen und verankert werden, wenn sie nicht all das unmöglich macht, wozu das Hirn sonst noch gebraucht wird. Sie darf das, was der betreffende Mensch bisher gedacht, wie er gefühlt und gehandelt hat, was ihn also »ausmacht«, nicht in Frage stellen. Und auch eine neue gemeinsame Vision, ein neues Welt-, Feind- oder Menschenbild kann eine menschliche Gemeinschaft nur dann entwickeln und als kollektives Bild verbreiten, wenn es mit all dem vereinbar ist, was die Mitglieder dieser Gemeinschaft bisher zusammengehalten und ihnen eine gemeinsame Orientierung geboten hat.

Einerseits kommt es also auf allen Ebenen der Organisation lebender Systeme zwangsläufig immer wieder dazu, dass bereits vorhandene Bilder erweitert und neu zusammengefügt werden. Andererseits kann keine dieser Erweiterungen in den bereits vorhandenen Schatz an inneren Bildern einer Zelle, eines Gehirns oder einer Gemeinschaft integriert und an nachfolgende Generationen weitergegeben werden, wenn sie dazu führt, dass der Aufbau und der Fortbestand der betreffenden Lebensform in Frage gestellt wird. Das betreffende erweiterte Bild ist dann ebenso schnell aufgetaucht und wieder verschwunden wie eine Sternschnuppe. Dauerhaft erweitern lassen sich daher nur solche Bilder, die relativ unwichtig sind, auf die es für den Aufbau und den Fortbestand der betreffenden Lebensform nicht besonders ankommt. Bereits auf der Ebene des Genoms lässt sich nachweisen, dass sich Nukleinsäuremuster immer wieder verdoppeln, verlängern und auf vielfältige Weise verändern. Erhalten bleiben davon aber nur diejenigen, die nicht für den Aufbau und die Aufrechterhaltung der inneren Ordnung der betreffenden Zellen oder – im Fall befruchteter Eizellen – für den Aufbau eines vielzelligen Organismus gebraucht werden. »Nonsens-DNA« oder »Junk-DNA«, also sinnlose, nicht benutzte Sequenzmuster, nennen die Molekularbiologen diesen Teil des Genoms, der bei den höher entwickelten Lebensformen den überwiegenden Teil aller im Zellkern gespeicherten DNA-Sequenzen ausmacht. Tatsächlich ist dieser nicht zum unmittelbaren Überleben angelegte und bereitgehaltene »unnütze« Pool an inneren Bildern aber so etwas wie ein kreatives Schatzlager, aus dem immer dann bestimmte handlungsleitende Muster entnommen werden können, wenn sich die bisherigen Lebensverhältnisse in einer bestimmten Weise zu verändern beginnen. Bereits eine Zelle, auch eine befruchtete Eizelle, »weiß« also erheblich mehr, als sie zum tatsächlichen Überleben oder zum Aufbau eines vielzelligen Organismus braucht.

Nicht anders geht es uns mit unserem phantasiebegabten lernfähigen Gehirn. Auch hier werden weitaus mehr innere Bilder erzeugt und bereitgehalten, als es tatsächlich zum nackten Überleben erforderlich ist. Auch wir entwickeln einen individuellen Schatz an völlig unnützem Wissen und im täglichen Leben kaum als handlungsleitende Muster verwendbaren Ideen und Vorstellungen. Dennoch sind all diese, auf den ersten Blick unsinnigen und unzweckmäßigen, von unserem Gehirn hervorgebrachten Bilder kein Nonsens. Wir können bestimmte, auf dieser Spielwiese unserer Phantasie gewachsene Blumen abpflücken und zu einem neuen Blumenstrauß innerer Bilder zusammenbinden, wenn sich die Verhältnisse ändern und neue Anforderungen auf uns zukommen, zu deren Bewältigung größere und weitere Ideen und Vorstellungen gebraucht werden. Nicht anders ist es auf der Ebene des kollektiven Gedächtnisses. Wie viel zur unmittelbaren Lebensbewältigung und zur kurzfristigen Sicherung ihres Fortbestands nicht direkt nutzbares, aber dennoch kollektiv tradiertes Wissen trägt jede menschliche Gemeinschaft, jede Familie, jede Sippe und jede Kulturgemeinschaft mit sich herum? Wozu brauchen wir all die Familienchroniken, Geschichtsbücher, Sagen und Märchen, alten Gesetzesblätter, überholten Rituale und verstaubten Bibliotheken? Auch sie sind nichts weiter als ein sich ständig erweiterndes Reservoir gemeinsamer innerer Bilder. Auch sie brauchen wir nicht zum nacktem Überleben. Dennoch sind sie möglicherweise das Wertvollste, was wir besitzen. Wenn sich die Verhältnisse ändern und die bisherigen sozialen Strukturen zusammenzubrechen drohen, kann dieser kollektive Bilderschatz

Rettung bringen. Es könnte sein, dass wir bestimmte, aus diesem Schatz entnommene innere Bilder auf neue Weise zusammenfügen und als Orientierung bietende gemeinsame Vorstellungen zur Aufrechterhaltung oder Neugestaltung unserer sozialen Beziehungen und unserer bisherigen Lebenswelt nutzen.

4.2 Bilder, die sich verengen, starr und übermächtig werden

Die Welt unserer Phantasie ist der einzige Ort, an dem wir tun und lassen können, was wir wollen. Ob wir die buntesten Bilder hervorzaubern oder die verrücktesten Ideen entwickeln – hier gibt es nichts, was unser Denken und Fühlen in eine bestimmte Richtung zwingt. Wem es gelingt, ganz unbefangen in diese Welt der Phantasie abzuheben, ist wirklich frei. Aber das reale Leben spielt sich leider nicht in der Bilderwelt unserer Phantasie ab. Allzu rasch fällt man von dort wieder auf den Boden der Realitäten zurück. Irgendwann bekommt man Hunger und muss sich etwas zu Essen besorgen, und wenn es nicht der Hunger ist, dann erwacht mit Sicherheit ein anderes, ebenso dringliches Bedürfnis, das den kurzen Ausflug in das Reich der Träume jäh beendet. Und wenn der Ruf zur Rückkehr in die Realität nicht aus uns selbst kommt, dann sind genügend andere da, die uns mit ihren ganz realen, bisweilen sogar handgreiflichen Wünschen, Forderungen und Erwartungen unweigerlich dorthin zurückholen, wo das Leben stattfindet. Dann wird die Bühne der Phantasie wieder mit einem Vorhang zugezogen und auf diesem Vorhang steht unübersehbar geschrieben, worauf es hier und jetzt im Leben ankommt.

Das ist zunächst noch kein Unglück. Jeder, der noch einigermaßen offen für dieses reale Leben mit all seinen bunten Facetten und vielfältigen Herausforderungen ist, findet auch vor diesem Vorhang noch genügend Raum zum Agieren. Er kann die anstehenden Probleme zunächst nach unterschiedlichen Gesichtspunkten ordnen und sortieren, und er kann versuchen, für jedes dieser Probleme eine optimale Lösung zu finden. Das gelingt umso besser, je breiter und je vielfältiger das Spektrum an handlungsleitenden und Orientierung bietenden inneren Bildern ist, das ein Mensch auf der Suche nach der geeignetsten Bewältigungsstrategie vor seinem geistigen Auge als mögliche Handlungsoptionen ausbreiten kann. Was auf diese Weise abgerufen und aktiviert wird, sind all die unterschiedlichen, bei der Lösung ähnlicher Probleme bisher gemachten Erfahrungen, die in Form bestimmter neuronaler und synaptischer Verschaltungsmuster im Gehirn abgespeichert worden sind. Dabei handelt es sich aber keineswegs nur um nackte Vorstellungen davon, wann man wie zu reagieren hat. Diese Vorstellungen sind auch immer mit einem Gefühl verbunden. Waren die bisherigen Erfahrungen bei der Nutzung einer bestimmten Lösungsstrategie überwiegend positiv, so entsteht auch jetzt wieder ein gutes Gefühl, wenn man sich fragt, ob auch das nun anstehende Problem auf genau diese Weise gelöst werden könnte. Alle anderen Handlungsoptionen, die ein weniger gutes oder gar ein unangenehmes Gefühl auslösen, werden dann schnell verworfen. Man tut am liebsten das, was sich bisher immer bewährt hat. Je besser es funktioniert, je erfolgreicher sich diese Strategie nun auch zur Lösung des betreffenden neuen Problems einsetzen lässt, desto positiver wird das dafür genutzte innere Handlungsmuster bewertet. Alle dabei aktivierten synaptischen Verschaltungen werden entsprechend gebahnt und gefestigt. Das betreffende Bild ist dann beim nächsten Mal umso leichter abrufbar.

Je erfolgreicher ein Mensch die in seinem Leben auftretenden Schwierigkeiten immer wieder mit einer bestimmten Strategie zu meistern imstande ist, desto effizienter werden die dabei aktivierten Nervenzellverbindungen miteinander verknüpft, desto besser gelingt die von diesen Netzwerken gesteuerte Leistung und desto schärfer werden auch die Konturen des jeweiligen inneren Bildes herausgeformt, das die betreffenden Reaktionen und Handlungen lenkt. Das entsprechende handlungsleitende oder Orientierung bietende Bild rückt auf diese Weise immer stärker in den Vordergrund. Es wird immer leichter aktivierbar und immer häufiger zur Lösung anstehender Probleme eingesetzt. Wenn man Pech hat und mit einer bestimmten Strategie gar zu erfolgreich ist, kann das dieser Strategie zugrunde liegende innere Bild – oder das dieses Bild erzeugende synaptische Verschaltungsmuster – allerdings auch so mächtig und so leicht aktivierbar werden, dass irgendwann ein Fingerschnipsen ausreicht, um es wachzurufen. Dann handelt man so, wie es dieses immer enger, starrer und übermächtiger gewordene innere Bild gebietet – auch dann, wenn gar nichts passiert ist, was eine entsprechende Reaktion erforderlich machen würde. Womöglich wird der betreffende Mensch von dieser, in seinem Hirn verfestigten Vorstellung sogar dazu getrieben, ständig neue Situationen herbeizuführen, die ihm Gelegenheit bieten, seine überstark gewordenen Denk- und Handlungsmuster immer wieder einzusetzen. Dann ist er von seiner einmal gefundenen und allzu häufig mit allzu großem Erfolg eingesetzten Bewältigungsstrategie abhängig geworden. Aus den anfangs noch dünnen und verschlungenen Nervenwegen ist in seinem Hirn eine Autobahn geworden, von der er nicht so leicht wieder herunterkommt.

Bekanntermaßen werden sogar die richtigen Autobahnen nicht einfach deshalb gebaut, weil es viele Autofahrer gibt, sondern weil sehr viele Menschen ein besonderes Interesse daran haben, mit Hilfe eines Autos möglichst schnell und bequem von hier nach dort zu gelangen. Ähnlich verhält es sich mit den überstarken Bahnungsprozessen bestimmter Nervenzellverschaltungen im Gehirn. Auch hier entstehen solche »Autobahnen« immer dann, wenn der betreffende Mensch einen triftigen Grund hat, sein Gehirn so und nicht anders zu benutzen. Eine andauernde Bedrohung, beispielsweise durch Hunger und Elend, Not und Armut, auch durch Konkurrenten oder Feinde ist zum Beispiel ein sehr triftiger Grund, sein Hirn auf eine ganz bestimmte Weise zum Erreichen ganz bestimmter Ziele – nämlich zur Abwendung der betreffenden Bedrohung – zu nutzen.

Aber auch die bloße Vorstellung, dass eine solche Gefahr eintreten könnte, stellt für viele Menschen bereits ein ausreichendes Motiv dar, um entsprechende Vorsichtsmaßnahmen zu treffen und dabei bestimmte Verschaltungen in ihrem Hirn stärker zu bahnen und zu festigen als andere. In ihrer Wirkung nicht zu unterschätzen ist auch die strukturierende Kraft der sozialen Beziehungen, in die Menschen hineinwachsen und die sie miteinander eingehen, weil sie in diesen Gemeinschaften Sicherheit und Geborgenheit, Halt und Orientierung finden. Um all das nicht zu verlieren, sind Menschen bisweilen allzu leicht bereit, ihr Denken, Fühlen und Handeln an die oft genug sehr einseitigen Vorstellungen, Erwartungen oder Forderungen derjenigen Menschen anzupassen, denen sie sich zugehörig, in deren Nähe sie sich sicher fühlen. Zwangsläufig bilden sich dann in ihrem Gehirn die gleichen Autobahnen heraus, die bereits all jene besitzen, an deren einseitigen Vorstellungen und Zielen sie sich orientieren.

Zusätzlich unterstützt wird dieser Anpassungsprozess meist noch durch Belohnung gruppenkonformer und Bestrafung aller den Zusammenhalt der Gruppe gefährdenden Verhaltensweisen, Vorstellungen und Haltungen. Je attraktiver die in Aussicht gestellte Belohnung oder aber je furchtbarer die angedrohte Bestrafung in den Augen der betreffenden Person erscheint, desto besser gelingt die auf diese Weise erzwungene Dressurleistung, desto effektiver werden die dazu erforderlichen und unter entsprechend starker emotionaler Aktivierung genutzten Nervenzellverschaltungen gebahnt, gefestigt und ausgebaut. Das gilt nicht nur für all jene Verschaltungsmuster, die für die Lenkung und Steuerung all jener Fähigkeiten und Fertigkeiten gebraucht werden, die man beherrschen muss, wenn man zu einer bestimmten Gruppe oder Gemeinschaft gehören, die Anerkennung anderer finden und sich in dieser Gemeinschaft sicher fühlen will. Das gilt auch für all das Wissen, das man erwerben, und all die Kenntnisse, die man sich aneignen muss, um sich mit den anderen Mitgliedern dieser Gruppe verständigen und austauschen zu können. Und nicht zuletzt führt das Bedürfnis, zu einer wie auch immer beschaffenen und wodurch auch immer zusammengehaltenen Gemeinschaft dazuzugehören, zwangsläufig dazu, dass auch die von den Mitgliedern dieser Gemeinschaft geteilten Überzeugungen, deren Menschen-, Feind- und Weltbilder, die von ihnen verfolgten Ziele und die von ihnen entworfenen Visionen ebenso übernommen werden wie die diesen kollektiven Bildern zugrunde liegenden und zu ihrer praktischen Umsetzung erforderlichen Haltungen, Fähigkeiten und Fertigkeiten.

Diejenigen, die sich am wenigsten gegen derartige soziale Strukturierungsprozesse und die damit einhergehende Kanalisierung und Bahnung bestimmter neuronaler Verschaltungsmuster in ihrem Gehirn wehren können, sind die in die jeweiligen sozialen Gemeinschaften, in eine Familie, eine Sippe, eine dörfliche oder städtische Lebens- und Kulturgemeinschaft hineinwachsenden Kinder. Die in den höheren, assoziativen Bereichen ihres Gehirn erst nach der Geburt ausreifenden Verschaltungen sind in fast beliebiger Weise durch die jeweils von Eltern, Verwandten, Freunden vorgelebten oder vorgeschriebenen, durch Belohnung oder Bestrafung bekräftigten Reaktionsmuster formbar. Diese immense Formbarkeit des sich entwickelnden menschlichen Gehirns ist die entscheidende Voraussetzung für die transgenerationale Weitergabe der von einer Gemeinschaft entwickelten und von den erwachsenen Mitgliedern dieser Gemeinschaft für bedeutsam erachteten Fähigkeiten und Fertigkeiten, Kenntnisse und Überzeugungen, Vorstellungen und Ideen. Ohne diese Formbarkeit gäbe es keine Erziehung und Sozialisation, keine Bildung und keine Kultur.

Aber alles, was formbar ist, ist auch verformbar. Die von den Mitgliedern einer Gemeinschaft überlieferten, genutzten und weitergegebenen kollektiven Bilder können unter bestimmten Bedingungen eben auch immer enger und starrer werden. Das ist vor allem dann der Fall, wenn sich einzelne, meist recht einfache Vorstellungen, Überzeugungen und Haltungen über mehrere Generationen hinweg als besonders erfolgreich für das Erreichen eines bestimmten Ziels oder für die Befriedigung eines bestimmten Bedürfnisses der meisten Mitglieder dieser Gemeinschaft erweisen. Allzu leicht kommt es in solchen Phasen zu einer kollektiven Überbewertung des jeweiligen »Erfolgsrezepts« und zu einer Abwertung aller anderen, nicht zum Erreichen des angestrebten Ziels und zur Befriedigung des jeweiligen Bedürfnisses geeigneten Überzeugungen. Auf diese Weise kann bisweilen das gesamte Denken, Fühlen und Handeln der Mitglieder einer solchen Gemeinschaft auf eine durch Erfolg gebahnte Autobahn geraten. Die in eine solche Gemeinschaft hineinwachsenden Kinder werden dann zu immer früheren Zeitpunkten und mit zunehmend stärkerem Druck ermutigt, angehalten, erzogen oder gezwungen, ihr Hirn auf die von den Mitgliedern dieser Gemeinschaft für »richtig« befundene Weise zu nutzen. So entstehen in ihrem formbaren Gehirn die gleichen, wenn nicht gar noch stärkeren Verschaltungen, also innere Bilder, die noch enger angelegt und noch starrer sind als die in den Gehirnen ihrer Vorbilder bereits verankerten.

Langfristig haben derartige transgenerational fortschreitenden Blickverengungen katastrophale Folgen: Was von den Vorvätern einmal mit viel Mut und Engagement entworfen und in Gang gebracht wurde, sei es durch die Gründung einer Religionsgemeinschaft, einer Siedlung, eines Wirtschaftsunternehmens oder eines Staates, wird von den Söhnen und Enkeln zunächst so lange immer stärker befestigt, wie das jeweilige Gebilde noch kräftig und vielversprechend weiter wächst und gedeiht, also alles erfolgreich verläuft. Die Ideen der Gründergeneration werden dabei immer stärker idealisiert und schließlich sogar zu dogmatischen Leitbildern stilisiert, bis sie so starr und unflexibel geworden sind, dass sie notwendige Anpassungen an neue Entwicklungen zunehmend behindern. Dann kommt das, was bisher wachsen konnte, zwangsläufig zum Stillstand. An die Stelle des Erfolgs tritt nun der Misserfolg. Über kurz oder lang wird dann das alte Leitbild vom Sockel gestoßen. Das Projekt ist gescheitert und ein Ausweg ist – in Ermangelung alternativer, Orientierung bietender und handlungsleitender innerer Bilder – nicht in Sicht. Nun breitet sich eine zunehmende Verunsicherung aus, und der damit einhergehenden Angst kann schließlich nur noch durch den Rückgriff auf ältere, primitivere »Notfallreaktionen« zur Sicherung des eigenen Überlebens begegnet werden: durch Angriff (in seiner kollektiven Ausprägung ist das Krieg) oder durch Flucht (wenn Menschen die Flucht ergreifen oder sich nur noch um ihre persönlichen Belange kümmern, bedeutet das die Auflösung des bisherigen Gemeinwesens).

Notfallreaktionen, das sagt schon der Name, sind keine Strategien zur Lebensbewältigung, sondern angesichts einer existenziellen Bedrohung zur Sicherung des nackten Überlebens abgerufene Reaktions- und Handlungsmuster. Auf allen Ebenen der Organisation lebender Systeme werden solche inneren Bilder für die Bewältigung von Notfällen bereitgehalten. Sie sind älter und daher auch fester verankert als alle anderen reaktions- und handlungsleitenden Muster. Aktiviert werden sie immer dann, wenn die später entwickelten und meist auch differenzierteren Muster angesichts der durch eine Bedrohung ausgelösten Erschütterung der inneren Ordnung nicht mehr abrufbar oder nutzbar sind. Auf zellulärer Ebene handelt es sich bei diesen Notfallbildern um bestimmte DNA-Sequenzen, die als »early-immediate-genes« bezeichnet werden. Ihre Aktivierung führt dazu, dass der gesamte Zellstoffwechsel umgestellt wird. Die betreffende Zelle stellt dann alle hoch spezialisierten Leistungen ein, mobilisiert die noch verfügbaren Reserven und stabilisiert all jene Funktionen, die für ihr Überleben von entscheidender Bedeutung sind. Auf der Ebene des Gehirns entsteht im Fall einer solchen Bedrohung eine sich von den Wahrnehmungs- und Assoziationszentren rasch ausbreitende Unruhe und unspezifische Erregung. Da dadurch vor allem die hochkomplexen und deshalb besonders labilen Verschaltungsmuster in den jüngeren, zuletzt herausgeformten Bereichen der Großhirnrinde in Unordnung geraten, können in diesen Regionen keine handlungsleitenden Aktivierungsmuster mehr aufgebaut werden. Stabiler, einfacher und fester verankert – und damit weniger anfällig für das bei einer Bedrohung im Gehirn ausgelöste Chaos – sind all jene inneren Bilder, die bereits während der frühen Kindheit angelegt und besonders stark gebahnt worden sind. Deshalb werden sie unter solchen Bedingungen nunmehr handlungsbestimmend. Der betreffende Mensch reagiert dann mit dem Rückfall in diese aus seiner frühen Kindheit stammenden Muster. Bisweilen ist die mit einer Bedrohung einhergehende Erregung so stark, dass sie auch auf diese früh erworbenen Verschaltungsmuster übergreift und sie unbrauchbar macht. Dann geht es auf der Stufenleiter der im Gehirn angelegten inneren Bildern noch weiter hinab. So bleiben schließlich als einzige noch aktivierbare und zur Lebensrettung nutzbare innere Bilder all jene sehr stabilen Verschaltungsmuster übrig, die aus der Stammesgeschichte mitgebracht und in älteren Hirnregionen bereits vor der Geburt unter dem steuernden Einfluss genetischer Programme herausgeformt worden sind. Dann reagiert der betreffende Mensch mit einer dieser archaischen Notfallhandlungen, in die auch alle anderen Säugetiere in lebensbedrohlichen Situationen zurückfallen: Flucht oder Angriff oder – wenn weder das eine noch das andere funktioniert – Erstarrung, Stereotypien und unterschiedlichste Formen so genannter Übersprungshandlungen (Kopulation, Fressen, Selbstverletzung etc.).

Den stärker instinktgeleiteten Tieren gelingt es jedoch im Allgemeinen besser als den meisten Menschen, eine existenzielle Gefahr durch die Aktivierung eines derartigen Notfall-Reaktionsmusters abzuwenden und ihr Leben auf diese Weise zu retten. Die ihre Flucht- oder Angriffsreaktionen lenkenden inneren Bilder sind eindeutiger und werden konsequenter – eben »bedenkenloser« – umgesetzt. Den Tieren fehlen all jene, durch eigene Erfahrungen so stark gebahnten und deshalb selbst bei starker Erregung noch immer abrufbaren inneren Bilder, die die meisten Menschen an der effektiven Umsetzung einer solchen Notfallreaktion hindern. Ihnen steht in solchen Momenten nicht gleichzeitig das Bild eines drohenden Verlusts von Hab und Gut, von Normen und Werten oder von sozialen Bindungen vor Augen. Beim Menschen können diese eigenen, im Lauf des Lebens erworbenen inneren Bilder sogar so stark und so stabil werden, dass sie als handlungsleitende Muster die Aktivierung einer zur Rettung des eigenen Lebens notwendigen Notfallreaktion unterdrücken. Deshalb sind manche Menschen eher bereit, ihr Leben zu opfern, als auf ihren Besitz, ihre Ideen oder ihre Liebsten zu verzichten. Fast alle geraten in solchen Situationen aber zumindest in ein Entscheidungsdilemma. Sie müssen abwägen, was ihnen wichtiger ist: ihr nacktes Überleben oder das, was dieses Leben in ihren Augen erst lebenswert macht. Entscheidet sich ein Mensch für Letzteres, so kann ihn der Versuch, all das zu retten, was ihm lieb und wert ist, das Leben kosten. Entscheidet er sich für eine konsequente Umsetzung einer lebensrettenden Notfallreaktion – und bleibt er auf diese Weise tatsächlich am Leben –, so geht ihm dabei möglicherweise all das verloren, was sein Leben bisher lebenswert gemacht hat. Das Hab und Gut mag noch ersetzbar sein, die Freunde und Angehörigen aber – und vor allem deren Achtung – sind wohl unwiederbringlich verloren.

Am schlimmsten jedoch ist der Verlust der Selbstachtung, den ein Mensch aushalten muss, der sich selbst auf Kosten dessen gerettet hat – und das dabei verleugnet hat –, was ihm lieb und wert war. Ein solcher Mensch kann sich nur noch schwer im Spiegel betrachten. Sein Selbstbild ist nicht mehr mit dem in Deckung zu bringen, was er getan und wie er gehandelt hat. Kein Mensch kann über längere Zeit mit einem solchen inneren Widerspruch und dem dadurch in ihm ausgelösten Gefühl von Scham und Selbstzweifel leben. Deshalb bleibt einem Menschen in einer solchen Situation nur eine Möglichkeit: Er muss das gesamte Bild in Frage stellen, das er sich bisher von sich selbst gemacht hat, in dem all das enthalten war, was ihm bisher wichtig war, und das sein bisheriges Fühlen, Denken und Handeln bestimmt hat. Solch ein Zusammenbruch des Selbstbildes ist nicht lang auszuhalten. Jeder Gedanke, jede Idee, jedes Bild, alles, was einem solchen Menschen nun in den Kopf kommt oder ihm eingeredet wird, kann ihm jetzt allzu leicht wie ein Halt bietender Rettungspfahl erscheinen. An dem versucht er nun mit aller

Macht das führerlos gewordene, auf sturmgepeitschter offener See dahintreibende Schiff seines gekenterten Selbstbildes festzuzurren. Dass andere Menschen diesen zufälligerweise gefundenen und oft auch außerhalb der so genannten Realität liegenden Rettungspfahl als Hirngespinst, als Wahngedanke, Wahnidee oder Wahnbild bezeichnen und darin kein brauchbares, handlungsleitendes und Orientierung bietendes inneres Bild erkennen können, macht die Situation für den Betroffenen nicht besser. Im Gegenteil! Weil er nichts anderes als diesen Pfahl zur Stabilisierung seines Selbst, zur Einordnung seiner Wahrnehmungen und zur Lenkung seiner Gedanken und Handlungen mehr besitzt, bleibt ihm gar nichts anderes übrig, als sich mit aller Macht daran zu klammern. Je mehr ihn die anderen deshalb ablehnen oder verhöhnen, desto intensiver muss er sich an genau diesem Halt bietenden und dabei immer übermächtiger werdenden Bild festhalten und orientieren.

4.3 Bilder, die verschwimmen, verblassen und verloren gehen

Keine Lebensform, also keine Zelle, keine Pflanze, kein Tier, kein Mensch und auch keine Gemeinschaft kann auf Dauer so bleiben, wie sie ist. Ihre jeweilige innere Organisation und äußere Gestalt werden mit Hilfe der von den Vorfahren überlieferten und durch eigene Erfahrungen modifizierten inneren Muster immer wieder an sich ständig weiter verändernde äußere oder innere Bedingungen angepasst. Gehen einem Lebewesen die dafür erforderlichen inneren Bilder aus irgendeinem Grund verloren, so kann es auch seine bisherige innere Organisation und äußere Gestalt nicht mehr wie bisher aufbauen und aufrechterhalten. Das muss jedoch nicht automatisch zum Untergang der betreffenden Lebensform führen. Tatsächlich finden sich in der lebendigen Welt zahlreiche Beispiele, die deutlich machen, dass der Verlust bestimmter innerer Bilder offenbar recht gut mit dem Überleben vereinbar ist, ja bisweilen sogar gewisse Vorteile im Wettbewerb um begrenzte Ressourcen bietet. Allerdings – und das ist sehr entscheidend – kann sich ein Lebewesen den Verlust eines bestimmten handlungsleitenden inneren Musters nur dann »leisten«, wenn es die von einem solchen inneren Bild gesteuerten Reaktionen, Fähigkeiten oder Verhaltensweisen nicht mehr zum Überleben braucht. Das ist immer dann der Fall, wenn sich seine bisherigen Lebensbedingungen in einer Weise verändern (oder es ihm gelingt, diese Bedingungen so zu gestalten), dass manches von dem, was vorher noch erforderlich und überlebensnotwendig war, fortan unnötig, überflüssig oder gar hinderlich wird.

Den Vorfahren aller Parasiten, beispielsweise den heutigen Bandwürmern, ist es mit Hilfe ihrer ursprünglich noch recht komplexen und vielfältigen inneren Bilder gelungen, ein wahres Schlaraffenland – ihren jeweiligen Wirt – zu besiedeln. Dort war vieles von dem vorhanden, was sie (als frei lebende Würmer) ehemals noch selbst leisten mussten: optimaler Schutz vor Feinden, eine ausreichende Nahrungsversorgung, sogar eine passive Fortbewegung und Verbreitung, eine ständig konstante »Außentemperatur« und was es sonst noch alles an Bequemlichkeiten für ein unbeschwertes (Wurm-)Leben geben kann. Die Folgen dieses von vielen Generationen genossenen unbeschwerten Lebens kann heute jeder besichtigen, der im Kopf eines solchen Bandwurmes nach dem sucht, was dort normalerweise zu finden ist (und was bei den Vorfahren der heutigen Bandwürmer auch noch zu finden war): ein Gehirn – oder wie es bei den Würmern heißt – ein Frontalganglion. Dieses Organ mit den darin in Form spezifischer Nervenzellverschaltungen angelegten inneren Bildern zur Lösung von Problemen ist diesen Würmern ebenso abhanden gekommen wie die Probleme, die sie damit ursprünglich zu lösen hatten.

So weit muss es freilich nicht immer kommen, aber dieses extreme Exempel macht doch eines sehr deutlich: Das Spektrum an Reaktionen steuernden, Handlungen leitenden und Orientierung bietenden inneren Mustern schrumpft offenbar auf diejenigen Bilder zusammen, die zum Überleben in einer Welt des

Überflusses und der Bequemlichkeit schließlich noch unbedingt erforderlich sind. Im Fall der Bandwürmer ist das die Fähigkeit, sich und ihre Nachkommen in dieser einmal eroberten Lebenswelt zu erhalten. Grundlage dieser Fähigkeit ist ein genetisches Programm, das die Ausbildung eines Hakenkranzes am Kopf steuert (mit dem sie sich in ihrer Welt festhalten können) und das dafür sorgt, dass möglichst viele befruchtete Eizellen produziert werden. Auf diese Weise wird sichergestellt, dass diese letzten, aber noch immer erfolgreich nutzbaren Reste ihrer inneren Bilderwelt nicht auch noch verschwinden. Was die Bandwürmer geschafft haben, kann auch jedes andere Lebewesen schaffen, dem es auf irgendeine Weise gelingt, in einer Welt unbegrenzter Ressourcen und von anderen gelöster Probleme zu leben.

Glücklicherweise sind immer nur sehr wenige Lebewesen in der Lage, eine solch »paradiesische« Lebenswelt für sich zu entdecken und zu erschließen. Ein Leben auf Kosten anderer ist langfristig auch keine besonders tragfähige Strategie, denn sie macht das eigene Überleben von eben diesen anderen abhängig. Stirbt der Wirt, so stirbt auch der Parasit. Findet der Wirt gar einen Weg, um den Parasiten für immer loszuwerden, erholt sich der Wirt und hat sogar noch etwas hinzugelernt. Der Parasit aber geht zugrunde, weil ihm all die zur Lebensbewältigung außerhalb seines Wirtes benötigten inneren Bilder während der langen Zeit ihrer Nichtbenutzung durch Kopierfehler bei der Weitergabe seiner Erbinformation von einer Generation zur nächsten zunächst folgenlos und deshalb unmerklich verloren gegangen sind. All jene Lebensformen, die sich auf Kosten anderer ein bequemes Leben machen, gehören also nicht zu denen, die ihren Schatz an inneren Bildern erhalten und erweitern und sich daher weiterentwickeln können.

Aber auch all jene Lebensformen, denen die Probleme über den Hals wachsen, die über Generationen hinweg nicht genug zu fressen finden, die ständig von Feinden bedroht sind oder sich gegen Nahrungskonkurrenten behaupten müssen, haben kaum eine Chance, ihren bisherigen Schatz an inneren Bildern zu erhalten oder gar zu erweitern. Sie leben in einer Welt, in der der Notfall zum Normalfall geworden ist. Wer hier keinen Ausweg findet, ist verloren, denn die Aktivierung der für solche Notfälle bereitstehenden inneren Reaktionsmuster führt bei allen Tieren und auch beim Menschen über die damit einhergehende Stimulation der Ausschüttung von Stresshormonen zur Destabilisierung der inneren Bilder, die zur Steuerung komplexer Regelkreise und Verhaltensweisen notwendig sind, und führt damit auch zur Unterdrückung der Fortpflanzungsfähigkeit.

Eine Möglichkeit, dem Druck durch Fressfeinde und Nahrungskonkurrenten zu entgehen, ist die Flucht. Wer aber versucht, sich dorthin zurückzuziehen, wo der Konkurrenzdruck weniger stark ist, kann am Ende nur dort landen, wo die Lebensbedingungen für diese Konkurrenten oder Fressfeinde gar zu unwirtlich sind. Wer dort überleben will, muss ein Spezialist für Extrembereiche werden. Er muss das Glück haben oder – wenn er das kann – selbst dafür sorgen, dass einzelne, für das Überleben unter derartigen Extrembedingungen besonders geeignete innere Reaktions- und Handlungsmuster immer besser herausgeformt werden. Wenn das gelingt, kann eine solche Lebensform schließlich auch dort existieren, wo sich keiner ihrer Konkurrenten mehr zurechtfindet: im ewigen Eis, in der Wüste, in der Tiefsee, im felsigen Gebirge, oder in den Höhen der Lüfte. Wem diese Anpassung seiner inneren Bilder gelungen ist, und wer sich mit deren Hilfe als Spezialist in eine für alle Nichtspezialisten unbesiedelbare ökologische Nische zurückziehen konnte, hat nun allerdings ein Problem: Er kommt so leicht nicht wieder aus dieser Spezialwelt heraus, in die er sich hineinmanövriert hat. Wenn sich die Verhältnisse dort verändern, wenn es, wo es kalt war, wieder wärmer, und wo es feucht war, wieder trockener wird oder wenn es in der Wüste wieder regelmäßig zu regnen beginnt, ist er gezwungen, sich nun auch in dieser – wieder wirtlicher gewordenen – Lebenswelt zurechtzufinden. Dann freilich werden ihm seine Spezialisierungen allzu leicht zum Verhängnis. Die inneren Bilder, die die Herausbildung seiner extremen Leistungen oder Verhaltensweisen steuern, erweisen sich nun als nutzlos, wenn nicht gar hinderlich. Und all jene inneren Muster, die für ein Überleben in dieser wieder bunter und vielfältiger gewordenen Lebenswelt gebraucht werden, sind im Verlauf dieses Spezialisierungsprozesses entweder nicht weiterentwickelt worden oder – weil sie dabei nutzlos oder gar hinderlich waren – verloren gegangen oder zur Steuerung anderer Leistungen genutzt und entsprechend weiterentwickelt worden. Rückzug und Flucht in einsame Refugien ist also langfristig auch keine geeignete Strategie, um den einmal entstandenen Schatz an inneren Bildern zu erhalten oder gar zu erweitern.

Eine Alternative zum Rückzug ist der Angriff oder zumindest eine wirksame Verteidigung. Wer dem Druck von Fressfeinden und Nahrungskonkurrenten nicht ausweichen kann, dem bleibt nur die Möglichkeit, sich zu wehren. Er muss das Glück haben oder selbst dafür sorgen, dass bestimmte, für den Angriff oder für die Verteidigung besonders geeignete innere Reaktions- und Handlungsmuster besser und effektiver herausgeformt wurden oder werden. Den Vorfahren der noch heute lebenden »Verteidigungskünstler« ist das offenbar über viele Generationen hinweg gelungen. Igel und Stachelschweine, Schildkröten und Stinktiere, Myriaden wehrhafter Insekten, Krustentiere, Gehäuseschnecken und Muscheln, aber auch die zahlreichen mit Stacheln und Dornen, Nesseln und Giften bewehrten Pflanzen sind auf diese Weise sehr erfolgreiche Verteidigungsspezialisten geworden. Zu reinen Angriffsspezialisten haben sich allerdings nur sehr wenige Tiere entwickelt. Ihre in Form bestimmter Nukleinsäuresequenzen herausgeformten, die Ausbildung möglichst großer Klauen, Zähne oder anderer tödlicher Angriffswaffen oder besonders aggressiver Verhaltensweisen lenkenden inneren Bilder mussten nämlich mit den für die Arterhaltung benötigten, die Paarung und Aufzucht der Nachkommen steuernden inneren Bildern einigermaßen kompatibel bleiben. Dabei sind bisweilen recht bizarr anmutende Kompromisslösungen gefunden worden. Sie reichen von Spinnenweibchen, die ihre Männer nach der Begattung auffressen, bis zu Löwenmännchen, die die Jungen ihres Harems totbeißen – vor allem dann, wenn sie ihnen irgendwie »fremd« vorkommen, beispielsweise weil sie von einem anderen Vater stammen.

Die Frage, was bestimmte innere Bilder so scharf geschliffen hat, dass sich all diese Spezialisten für Angriffe oder Verteidigung, für den Rückzug in entlegene Biotope oder für sonstige, zum Teil atemberaubende Fähigkeiten und Fertigkeiten, Tricks und Kunstfertigkeiten herausbilden konnten, ist leicht zu beantworten. Es war der Wettbewerb um begrenzte Ressourcen. All jene, die sich in diesem Wettbewerb behaupten konnten, bevölkern heute die Erde. Viele sind mitsamt den ihren jeweiligen Aufbau, ihre Gestalt und ihre Leistungen steuernden inneren Bildern ausgestorben. Anderen steht dieses Schicksal noch bevor. Abgesehen von den ständig neuen Krankheitserregern und anderen sehr wandlungsfähigen Mikroorganismen ist die Artenvielfalt und damit die Vielfalt der auf der Erde für den Aufbau lebendiger Wesen geeigneten inneren Bilder seit der Entstehung und Ausbreitung unserer eigenen Spezies beträchtlich zurückgegangen. Auch das ist eine Folge des Wettbewerbs. Die größten Verlierer dieses Wettstreits um die noch verbliebenen Ressourcen waren – und bleiben wohl auch in Zukunft – die Spezialisten, die sich durch extreme Anpassungen in extrem beschaffene Lebenswelten zurückgezogen haben. Die großen Gewinner in diesem Wettstreit waren vor allem solche Lebewesen, die nicht durch allzu starken Druck in derartige Nischen abgedrängt worden sind und die nicht besonders erfolgreich bei der Besiedelung spezieller Teilwelten waren: Die Generalisten, allen voran der Mensch. Sie, diese Alles-ein-bisschen-Könner, denen nicht das Wasser ständig bis zum Hals stand, denen es aber auch nicht gelungen war, einzelne Fähigkeiten besonders gut herauszubilden, waren die Einzigen, die immer und überall genug Probleme hatten, die sie auf die eine oder andere Weise auch tatsächlich – mit Glück oder durch geschicktes Kombinieren – irgendwie lösen konnten. Sie waren diejenigen, die in der Lage waren, ihren Schatz an inneren Bildern immer stärker zu erweitern und zu vergrößern. Ihre Nichtspezialisiertheit bot die besten Voraussetzungen für die Verschmelzung, Vermischung, Ergänzung und Erweiterung unterschiedlichster DNA-Sequenzmuster, später auch komplexer Verhaltensmuster und der ihnen zugrunde liegenden neuronalen Verschaltungsmuster und schließlich auch der von verschiedenen Gruppen genutzten kollektiven Muster. Entstehen konnte dieser immense Bilderschatz auf all diesen Ebenen nur dadurch, dass alle noch weitgehend undifferenzierten Lebensformen besser als alle Spezialisten in der Lage sind, Verbindungen zu knüpfen, Beziehungen einzugehen und damit Auseinanderstrebendes und bereits Getrenntes auf immer neue Weise zusammenzufügen. Geschliffen und ausgefeilt wurden einzelne der so entstandenen Bilder erst danach. Dann erst wurde all das, was ursprünglich einen gemeinsamen Ursprung hatte und zusammengehörig war, durch den Wettbewerb in unterschiedliche Spezialisierungen auseinander getrieben und dadurch immer weiter voneinander getrennt. Generalisten zeichnen sich dadurch aus, dass sie sehr viele und sehr unterschiedliche innere Bilder miteinander kombinieren, voneinander lernen und sich austauschen können. Spezialisten tun das nur im Notfall. Und was sie dann voneinander lernen und miteinander austauschen, bleibt begrenzt, ist eben nur ihr spezifisches Wissen, sind nur ihre spezifischen Bilder über die Beschaffenheit ihrer speziellen Lebenswelt.

Das Beispiel der Entwicklungsgeschichte unserer eigenen Spezies macht jedoch deutlich, dass auch geborene Generalisten, wenn es um die Bewältigung des realen Lebens geht, nicht vom Wettbewerb und den dadurch erzwungenen Spezialisierungen verschont bleiben. Jedes Kind muss sich, wenn es in eine Familie, eine Sippe, eine bestimmte Kultur- und Lebensgemeinschaft hineinwächst, den spezifischen dort herrschenden Erfordernissen anpassen. Es kann nur überleben, indem es sich all das aneignet und verinnerlicht, was es braucht, um sich in dieser Gemeinschaft zurechtzufinden, dazuzugehören, Nahrung und Schutz zu finden. Das war damals, vor Hunderttausenden von Jahren, als die ersten menschlichen Gemeinschaften in der

Wiege der Menschheit, in Afrika, entstanden etwas anderes als heute. Es war auch damals schon sehr viel. Aber das, was diese Kinder damals an Fähigkeiten zu erlernen, an Regeln zu befolgen, zu wissen und zu können hatten, war eben nur das, was in dieser Region der Erde von diesen frühen Gemeinschaften an inneren Bildern bereits entwickelt worden war. In dem Maß, wie sich die lokalen Gegebenheiten änderten und diese Gemeinschaften wuchsen, begannen die Ressourcen knapper und der Wettbewerb schärfer zu werden. Manche entkamen dem Druck durch Flucht, wanderten aus und wichen immer weiter aus. Sie erschlossen und besiedelten im Lauf der letzten einhunderttausend Jahre jeden nur einigermaßen zum Überleben geeigneten Lebensraum auf dieser Erde und vollbrachten dabei die erstaunlichsten Anpassungsleistungen. All jene inneren Bilder, die sich in diesen neuen Welten als nützlich und brauchbar erwiesen, wurden von Generation zu Generation zunehmend schärfer herausgeformt. Alle anderen, weniger brauchbaren oder in dieser speziellen Lebenswelt sogar hinderlich gewordenen handlungsleitenden und Orientierung bietenden Muster verschwanden allmählich. Sie wurden von den jeweiligen Eltern zunächst nicht mehr so eindringlich und so früh wie zuvor und schließlich überhaupt nicht mehr an die nachfolgenden Generationen weitergegeben.

Ähnlich ging es all jenen Gruppen, die sich an Stelle von Flucht durch Angriff oder wehrhafte Verteidigung dem wachsenden Konkurrenzdruck zu entziehen versuchten. Auch sie brachten ihren Kindern all das, was zur Durchsetzung dieser Überlebensstrategien erforderlich war, besonders früh und damit entsprechend nachhaltig bei. Alle anderen Handlungsmuster und inneren Bilder für die Herausbildung weniger nützlich erscheinender Fähigkeiten und Fertigkeiten wurden von diesen späteren Generationen ebenso wenig an ihre Nachkommen überliefert, wie die noch von ihren Vorfahren verfolgten Ziele, die von ihnen gepflegten Bräuche und die von ihnen geteilten Überzeugungen und Haltungen.

So lange sich diese verschiedenen Strategien als erfolgreich erwiesen, wurden auch die von den jeweiligen Gemeinschaften tradierten, Orientierung bietenden und zur Aufrechterhaltung ihrer spezifischen Struktur und ihrer speziellen Leistungen benutzten inneren Bilder zunächst von Generation zu Generation weiter geschärft, das heißt immer besser an die spezifischen Gegebenheiten und Erfordernisse der von jeder dieser Gemeinschaften erschlossenen Lebenswelt angepasst. Aus den ursprünglich noch recht undifferenzierten, relativ unscharfen und damit sehr offenen inneren Bildern der ersten menschlichen Gemeinschaften ist so im Verlauf der letzten einhunderttausend Jahre ein immer bunteres Kaleidoskop unterschiedlichster, hoch spezialisierter und zum Teil extrem ausdifferenzierte Leistungen steuernder, Handlungen leitender und Orientierung bietender Muster entstanden. Aber ebenso wie der bereits zuvor abgelaufene und in die Generierung einer enormen Artenvielfalt ausufernde Prozess der Weiterentwicklung und extremen Ausdifferenzierung genetischer Muster erreichte auch diese, sich auf der Ebene der im Gehirn von Menschen und im kollektiven Gedächtnis spezialisierter menschlicher Gemeinschaften abspielende Ausdifferenzierung und Diversifizierung innerer Bilder einen Höhepunkt. Vergleichbar mit dem nach dem Zenit der Artenvielfalt einsetzenden und rasch voranschreitenden Verlust der von besonders hoch spezialisierten Arten genutzten, genetisch verankerten inneren Bilder, gingen nun auch die von Menschen in hoch spezialisierten Gemeinschaften genutzten inneren Bilder zunehmend verloren. Auch hier wurden (und werden noch immer) die Spezialisten von denjenigen ausgerottet, verjagt oder absorbiert, die nicht versucht hatten oder denen es bisher nicht so recht gelungen war, sich in eine weit abgelegene Nische zurückzuziehen oder sich durch extreme Spezialisierungen die zu ihrem Überleben erforderlichen Ressourcen zu erschließen. Auch hier, das wird nun, zu Beginn des dritten Jahrtausends, immer deutlicher, sind es die Generalisten, die sich in diesem Wettbewerb am besten behaupten können, also all jene menschlichen Gemeinschaften, die zu Künstlern des Austausches, der Vermischung, der Integration und des

Knüpfens von Beziehungen geworden sind. Besser als alle anderen waren und sind diese Menschen in der Lage, ihren Schatz an inneren Bildern nicht nur zu erhalten, sondern auch stetig zu erweitern und ihn als transfamiliäre, transnationale, transkulturelle Muster an die jeweils nachfolgenden Generationen weiterzugeben.

5. Nachbemerkungen:
Bilder, die immer lebendig bleiben

Der gewaltige Felsbrocken, der von fern wie ein sitzender Riese aussieht, steht noch immer auf seinem Hügel. Aus den Kindern, die damals »tapferes Schneiderlein« mit ihm gespielt hatten, sind inzwischen tapfere Väter und Mütter geworden. Die alten gruseligen Geschichten, die sich die Menschen in dieser Gegend einst von diesem bizarr geformten Felsen erzählt haben, kennt heute kaum noch jemand. Aus dem Furcht erregenden »Kinderfresserstein« ist ein ganz normaler Buntsandsteinblock geworden. Vor einiger Zeit haben Mitglieder des Wandervereins leicht begehbare Stufen hineingeschlagen. Sie führen hinauf zu einer umzäunten Plattform, von der man weit hinaus ins Land schauen kann. Eine Zeit lang kamen viele Besucher hierher. Im vergangenen Jahr aber ist ein Kind dort oben beim Spielen ausgerutscht und abgestürzt. Seitdem ist der Aufstieg abgesperrt. Auf einer großen Tafel steht jetzt: »Betreten verboten! Lebensgefahr.« Nun machen Eltern mit ihren Kindern wieder einen großen Bogen um den Felsen. So verschwinden bisweilen die Bilder, mit denen wir all das zu fassen versuchen, was uns gefährlich erscheint und Angst macht. Aber wenn die Bedrohung in anderer Form wieder auftaucht, werden auch die alten Angst machenden Bilder in neuer Form wieder lebendig. Da es kein Leben ohne Bedrohungen und die damit einhergehenden Angst geben kann, werden auch die Bilder nie verschwinden, mit deren Hilfe Menschen all das begreifbar und mitteilbar zu machen versuchen, was sie bedroht.

Auch den einsamen See mit seinem grünen Schilfgürtel, den Seerosen und den in der Abendsonne tanzenden Mückenschwärmen gibt es noch. Aus dem holprigen Feldweg, auf dem einst nur wenige Wanderer und verwegene Radfahrer dorthin gelangten, ist nun eine breite Zufahrtstraße geworden. Der große Parkplatz am Ufer ist an den Wochenenden im Sommer voll gepfropft mit den Autos der vielen Besucher, die zum Brunch in das neu errichtete Strandcafé kommen und anschließend noch einen kleinen Verdauungsspaziergang auf dem asphaltierten Rundweg absolvieren oder eine halbstündige Ruderpartie mit einem der quietschenden Ruderboote vom Bootsverleiher machen. Die Seerosen sind nicht mehr so zahlreich wie früher, vom Schilfgürtel sind nur noch wenige Reste übrig geblieben, und die Teichrohrsänger sind ganz verschwunden. Aber ich mag diesen See immer noch. Am liebsten besuche ich ihn jetzt im Frühjahr, wenn das Eis und der Schnee geschmolzen sind und das Leben wieder erwacht, wenn die Hummelköniginnen nach einem verlassenen Mauseloch für ihren neu zu gründenden kleinen Hummelstaat suchen und die ersten Lerchen aus den benachbarten Feldern aufsteigen und den Himmel mit ihren Liedern füllen. Es ist nicht mehr der alte See, dessen Bild ich nur noch aus meiner Erinnerung hervorzaubern kann. Es ist ein neuer See, ein anderer, und ich sammle an diesen Frühlingstagen nun eben neue, andere Bilder. Aber diese neuen Bilder verbinden mich mit dem See nicht auf eine neue andere Weise. Sie bereichern, erweitern und vervollständigen lediglich das alte Bild, machen es größer und noch ein Stück bunter. Weil auf Dauer nichts so bleibt, wie es war, verändern sich auch immer wieder die Bilder, mit denen wir das zu fassen und mitzuteilen versuchen, was einen bestimmten Aspekt der Welt für uns so bezaubernd und anziehend macht. Wenn es wirklich der See ist, den wir lieben, und nicht das alte Bild, das wir uns von diesem See gemacht haben, dann bleibt der See auch dann weiter anziehend und bezaubernd, wenn er sich verändert. Da es in der Welt, in der wir leben, für unsere Sinne so vieles an Anziehendem und Bezauberndem gibt, werden auch die Bilder immer weiterleben, mit deren Hilfe wir auf immer neue Weise all das zu beschreiben und anderen mitzuteilen versuchen, was diese Welt in unseren Augen eben so anziehend und bezaubernd macht.

Auch den alten Obstgarten, in dem ich als Kind zu Hause war, gibt es noch. Von den Bäumen, an denen einst die süßesten Kirschen der Welt wuchsen, steht nur noch einer. Die anderen sind durch neue ersetzt worden. Der Großvater ist lange tot. Trotzdem gehe ich jedes Mal Hand in Hand mit ihm durch den Garten, wenn ich hier vorbeikomme. Er war nicht besonders belesen und hatte auch nichts studiert. Und doch hat er mir etwas mitgegeben, was wichtiger war als all das, was in den vielen Büchern stand, die ich inzwischen gelesen habe. Es ist die feste Überzeugung, dass es Spaß macht, die Welt gemeinsam zu entdecken und dabei Stück für Stück zu begreifen und fassbar zu machen, was um mich herum, in mir, mit mir und den anderen geschieht. Dieses innere Bild hat er in mir geweckt und mich damit auf den Weg geschickt. Ich versuche es nun weiterzutragen. So sterben wohl die Personen, aber die inneren Bilder, die sie an andere weitergeben, bleiben so lange lebendig, wie es Menschen gibt, die sie lebendig halten.

Das gilt für die Mut machenden und Vertrauen stiftenden Bilder ebenso wie für all jene inneren Bilder, die von solchen Menschen überliefert und verbreitet werden, die ihre Lust am Leben, ihre Neugier und ihr Vertrauen, mit dem sie ursprünglich einmal zur Welt gekommen sind, im Lauf ihres Lebens verloren haben. Wir leben in einer Welt, die sich weder bis in alle Einzelheiten planen noch in jeder Hinsicht beherrschen lässt. Deshalb ist es unvermeidbar, dass Menschen bisweilen auch scheitern. Immer wieder wird es Einzelne geben, die vergeblich versuchen, sich in der Welt, in die sie hineinwachsen, zurechtzufinden, die von Ereignissen überrollt werden und Erfahrungen machen müssen, die ihr Vertrauen erschüttern und ihnen den Mut rauben. Es ist deshalb auch wichtig und wird immer notwendig bleiben, dieses eigene Scheitern in Worte zu fassen oder mit Hilfe eines Bildes zu beschreiben, das diesen Menschen und all jenen, an die sie dieses Bild weitergeben, als inneres Muster hilft, solche Erfahrungen künftig zu vermeiden. Aber bisweilen geben diejenigen, die beim Versuch, sich in der Welt zurechtzufinden geschheitert sind, auch wenig hilfreiche Überzeugungen und Vorstellungen an all jene weiter, die ebenso wie sie in Zukunft noch scheitern könnten. Dazu zählen all jene inneren Bilder, die den Blick verengen und auf diese Weise verhindern, dass künftig noch neue, andere und damit möglicherweise auch bessere Lösungen gefunden werden können. Das sind solche inneren Bilder, die entweder Angst auch dort erzeugen, wo keine Gefahr droht, oder die Sicherheit bietende Lösungen selbst dann noch vorgaukeln, wenn es tatsächlich gefährlich zu werden beginnt.

Es gibt Zeiten, in denen sich solche, den Blick verengende Bilder ungemein rasch ausbreiten. Dann scheint es so, als gäbe es nichts, was einzelne Menschen oder auch menschliche Gemeinschaften vor derartigen inneren Bildern schützen kann. Tatsächlich haben über Generationen hinweg tradierte Vorstellungen von dem, was gefährlich ist, und dem, was Sicherheit bietet, das Leben von Familien, Sippen, ja sogar ganzen Völkern und Kulturgemeinschaften maßgeblich bestimmt. Sie haben dazu geführt, dass die einen von diesen überlieferten, Angst erzeugenden Bildern zurückgehalten worden sind, wo es möglich gewesen wäre, nach Auswegen zu suchen, und dass die anderen von ihren kollektiv tradierten, Sicherheit vorgaukelnden Bildern vorangetrieben worden sind, wo es besser gewesen wäre, innezuhalten. Auf den ersten Blick scheint es so, als gehörten auch diese inneren Bilder zu jenen, die immer weiterleben. Aber bei genauerer Betrachtung erweist sich diese Vermutung als Irrtum, denn es gibt ein sehr effektives und vor allem nachhaltig wirksames Mittel, das all diese falschen inneren Bilder gleichermaßen – wenn auch nur sehr langsam und daher kaum spürbar – aufzulösen vermag. Es ist ein ganz einfaches und unaufhaltsam wachsendes, sich ständig ausbreitendes Mittel: Wissen. Es ist das Wissen, das jeder Mensch im Lauf seines Lebens und jede menschliche Gemeinschaft im Lauf ihrer gemeinsamen Geschichte sammelt. Es ist das Wissen, das Menschen hilft, sich im Leben zurechtzufinden, sich selbst, ihre Rolle in ihrer Gemeinschaft und in der Welt zu begreifen. Dazu gehört auch das Wissen, das ihnen zu verstehen hilft, woher die inneren Bilder kommen, die sie in sich tragen und was diese Bilder bewirken.

So langsam sich dieses Wissen auch ausbreitet und so groß die Hürden auch sein mögen, die seiner Ausbreitung immer wieder in den Weg gestellt werden – es lässt sich auf Dauer nicht verhindern, dass es irgendwann auch dort ankommt, wo Menschen noch immer in dumpfer Ohnmacht hinnehmen, dass ihnen mit Angst machenden Bildern der Mut genommen wird, ihr Schicksal in die eigenen Hände zu nehmen. Und es wird – so unbequem das auch sein mag – irgendwann auch all jene Menschen erreichen, die noch immer glauben, sie besäßen das einzig richtige Bild davon, worauf es im Leben wirklich ankommt und wie die Probleme auf dieser Welt zu lösen sind. Was dann geschieht, wenn die alten, unnötige Angst schürenden und falsche Sicherheit suggerierenden Bilder ihre aus Nichtwissen gespeiste Kraft verlieren, ist leicht voraussehbar. Dann geht den Kindern, die in diese mit etwas mehr Wissen ausgestattete und gestaltete Welt hineinwachsen, all das nicht mehr verloren, was sie mit ihrer Geburt immer wieder neu auf die Welt bringen: die Neugier, die Entdeckerfreude, die Lust am Gestalten und nicht zuletzt das Vertrauen und der Mut, das Leben zu lieben. So wird auch das entscheidende innere Bild lebendig bleiben, ohne das kein Mensch leben kann: Zuversicht.

6. Literaturhinweise

Hier finden Sie kein Verzeichnis von Schriften, aus denen ich zitiert hätte oder die ich für eine weiterführende, vertiefende Lektüre empfehlen würde. Vielmehr handelt es sich um eine sehr persönliche Auswahl von Lesefrüchten aus allen Epochen der Geistesgeschichte. Es sind Werke, die mich beeindruckt und zu diesem Buch inspiriert und ermutigt haben.

Hannah Arendt (1951): Elemente und Ursprünge totaler Herrschaft.
Peter L. Berger und Thomas Luckmann (1970): Die gesellschaftliche Konstitution der Wirklichkeit.
Ludwig von Bertalanffy (1949): Das biologische Weltbild.
Ernst Bloch (1954–59): Das Prinzip Hoffnung. 3 Bände.
Martin Buber (1923): Ich und Du.
Georg Büchner (1839): Lenz.
Ernst Cassirer (1923–29): Philosophie der symbolischen Formen. 3 Bände. 1: Die Sprache. 2: Das mythische Denken. 3: Phänomenologie der Erkenntnis.
Miguel de Cervantes Saavedra (1621): Don Quijote.
Noam Chomsky (1965): Aspekte der Syntax-Theorie.
Dante Alighieri: Die Göttliche Komödie.
Wilhelm Dilthey (1960): Weltanschauungslehre. Abhandlungen zur Philosophie der Philosophie.
Norbert Elias (1969): Über den Prozess der Zivilisation. 2 Bände.
Erik H. Erikson (1966): Identität und Lebenszyklus.
Moshé Feldenkrais (1978): Bewußtheit durch Bewegung.
Viktor E. Frankl (1979): Der Mensch vor der Frage nach dem Sinn.
Erich Fromm (1956): Die Kunst des Liebens.
Jean Gebser (1995): Einbruch der Zeit. Hg. v. R. Hämmerli.
Gilgamesch-Epos.
Wolfgang von Goethe: Schriften zur Naturwissenschaft.
Wolfgang von Goethe (1819): West-östlicher Divan.
Ernest Hemingway (1952): Der alte Mann und das Meer.
Hermann Hesse (1922): Siddharta.
Homer: Odyssee. Übers. in Prosa von W. Schadewaldt.

Hans Jonas (1979): Das Prinzip Verantwortung.
Gottfried Keller (1851–55): Der grüne Heinrich.
Søren Kierkegaard (1844): Philosophische Brosamen.
Heinrich von Kleist (1805): Über die allmähliche Verfertigung der Gedanken beim Reden.
Jiddu Krishnamurti (1996): Die Wahrheit ist ein pfadloses Land.
Thomas S. Kuhn (1967): Die Struktur wissenschaftlicher Revolutionen.
Laotse: Tao te king. Das Buch des Alten vom Sinn und Leben.
Claude Lévi-Strauss (1967): Der Zauber und seine Magie. In: Claude Lévi-Strauss, Strukturale Anthropologie. Übers. v. H. Naumann.
Astrid Lindgreen (1977): Das entschwundene Land.
Ivar Lissner (1966): Wir sind das Abendland.
Humberto Maturana und Francisco Varela (1987): Der Baum der Erkenntnis.
Friedrich Nietzsche (1886): Jenseits von Gut und Böse. Vorspiel einer Philosophie der Zukunft.
Ovid: Metamorphosen.
Helmuth Plessner (1924): Die Grenzen der Gemeinschaft.
Jean Piaget (1969): Nachahmung, Spiel und Traum. Die Entwicklung der Symbolfunktion beim Kinde.
Ilya Prigogine und Isabelle Stengers (1981): Dialog mit der Natur – Neue Wege wissenschaftlichen Denkens.
Rainer Maria Rilke (1923): Duineser Elegien.
Antoine de Saint-Exupéry, A. (1943): Der kleine Prinz.
Albert Schweitzer (1924): Die Macht des Ideals. In: Albert Schweitzer, Aus meiner Kindheit und Jugendzeit.
Jonathan Swift (1726): Gullivers Reisen.
Pierre Teilhard de Chardin (1959): Der Mensch im Kosmos.
Thomas von Aquin: Wesen und Ausstattung des Menschen.
Paul Watzlawick (1981): Die erfundene Wirklichkeit.
Viktor von Weizäcker (1943): Der Gestaltkreis.
Ken Wilber (1984): Halbzeit der Evolution.

Wenn Sie weiterlesen möchten...

Gerald Hüther
Bedienungsanleitung für ein menschliches Gehirn

In der modernen Hirnforschung wurden bahnbrechende Entdeckungen gemacht. Die sogenannte Plastizität des menschlichen Gehirns bedeutet, dass es lebenslang veränderbar, ausbaubar, anpassungsfähig ist. Sogar die Masse der Gehirnzellen ist, entgegengesetzt der früheren Auffassung der Wissenschaftler, nicht endgültig festgelegt, sondern kann im Verlauf des Lebens noch zunehmen. Nach den neuesten Erkenntnissen der Hirnforscher hat die Art und Weise der Nutzung des Gehirns einen entscheidenden Einfluss darauf, welche neuronalen Verschaltungen angelegt und stabilisiert oder auch destabilisiert werden. Die innere Struktur und Organisation des Gehirns passt sich also an seine konkrete Benutzung an.

Wenn das Gehirn eines Menschen aber so wird, wie es gebraucht wird und bisher gebraucht wurde, dann stellt sich die Frage, wie wir eigentlich mit unserem Gehirn umgehen müssten, damit es zur vollen Entfaltung der in ihm angelegten Möglichkeiten kommen kann.

In einer leicht lesbaren, bildreichen Sprache geht der Neurobiologe Gerald Hüther diesem Fragenkomplex nach und gelangt zu Erkenntnissen, die unser gegenwärtiges Weltbild erschüttern und die uns zwingen, etwas zu übernehmen, was wir bisher allzu gern an andere Instanzen abgegeben haben: Verantwortung.

Gerald Hüther
Die Evolution der Liebe
Was Darwin bereits ahnte und die Darwinisten nicht wahrhaben wollen

Seit mehr als einem Jahrhundert sind die Naturforscher nun schon damit beschäftigt, die vielfältigen Formen des Lebens in ihre kleinsten Bausteine zu zerlegen. Für die Herausbildung der Formenvielfalt machen sie seit Darwin ein einziges Grundprinzip verantwortlich: die Konkurrenz.

Ihren Theorien über die Bedeutung der natürlichen Auslese und das Überleben der Besten im *Kampf ums Dasein*, über angeborene Verhaltensweisen und Instinkte, über egoistische Gene, über Sexualität und Partnerwahl und den *Krieg der Geschlechter* fehlt jedoch die entscheidende andere Hälfte. Sie haben bisher vergessen, danach zu suchen, was die lebendige Welt, was den Einzelnen, was ein Paar, was eine Gruppe und was nicht zuletzt auch die menschliche Gemeinschaft im Innersten zusammenhält: die Liebe.

Gerald Hüther
Biologie der Angst
Wie aus Streß Gefühle werden

Nichts fürchten wir so sehr wie unsere ureigenen Ängste. Und doch sind es gerade unsere Ängste in all ihren Schattierungen, die unsere geistige und emotionale Entwicklung in Bewegung bringen. Angst und immer wieder nur Angst bewirkt im Menschen einen Stress-Reaktions-Prozess, der die Voraussetzungen schafft für die Lebensgestaltung auf geistiger, emotionaler und körperlicher Ebene.

Gerald Hüther führt die neuesten Erkenntnisse über die biologische Funktion der Stressreaktionen im Gehirn zu überraschenden Einsichten über die Herausbildung emotionaler Grundmuster wie Vertrauen, Glaube, Liebe, Abhängigkeit, Hass und Aggression. Die neuronalen Verschaltungsmuster, die der Mensch in der frühkindlichen Entwicklung erlernt und in seinem Hirn gleichsam gebahnt hat, schaffen sein Verlangen, geliebt und anerkannt zu werden, und befähigen ihn erst dazu, etwas anderes als sich selbst lieben zu können.

Die Psychologie und die Tiefenpsychologie haben aus eigenen Beobachtungen Theoriegebäude aufgetürmt und damit diagnostiziert und therapiert. Dieses Buch gibt ihnen eine neurologische Untermauerung. Es ist geschrieben in einer leicht lesbaren Sprache, es erklärt in eingängigen Beispielen, weil es über Fachgrenzen hinweg verstanden werden will. Es gibt jedem, Fachleuten wie Laien, einen neuen Horizont im Verständnis menschlicher Entwicklung. Hochkompliziertes wird sinnfällig, Vages wird konkret und Naturwissenschaft versöhnt sich mit unseren alten Vorstellungen von der Seele.

> »Von Natur aus ist der Mensch nicht zum Denken geneigt ....« (Rousseau)

V&R

Adam Phillips
Wunschlos glücklich?
Über seelische Gesundheit und den alltäglichen Wahnsinn
Aus dem Englischen von F. Langegger.
2008. 176 Seiten, kartoniert
ISBN 978-3-525-40407-2

Keine Gesundheit ohne psychische Gesundheit! Was jenseits der WHO-Definition alles zu unserem seelischen Wohlbefinden zu sagen ist, verrät Adam Phillips.

Rudolf Stroß
Die Kunst der Selbstveränderung
Kleine Schritte – große Wirkung
2. Auflage 2009.. 299 Seiten mit 21 Abb., kartoniert
ISBN 978-3-525-40410-2

Mit dem Rauchen aufhören, endlich mehr Sport treiben, den Job wechseln oder sich aus einer Beziehung befreien – in jedem steckt das Potential zur Selbstveränderung.

Rainer M. Holm-Hadulla
Leidenschaft: Goethes Weg zur Kreativität
Eine Psychobiographie
2008. 266 Seiten, kartoniert
ISBN 978-3-525-40409-6

»Poetry therapy« liegt im Trend. So neu ist die Idee nicht, wie dieses Buch zeigt: Schon Johann Wolfgang von Goethe therapierte sich selbst durch das Schreiben.

Haim Omer / Nahi Alon / Arist von Schlippe
Feindbilder – Psychologie der Dämonisierung
Mit einem Vorwort des Dalai Lama
2007. 230 Seiten, kartoniert
ISBN 978-3-525-49100-3

Feindbilder haben in Beziehungen von Menschen destruktive Auswirkungen. Durchschaut man die zugrunde liegenden psychologischen Mechanismen, finden sich Wege aus dem Teufelskreis der Dämonisierung.

Christa Schmidt
Meine Familiengeschichte in Träumen
Spurensuche über Generationen
2008. 152 Seiten mit 8 Abb., kartoniert. ISBN 978-3-525-40406-5

Wegweiser, um sich anhand der eigenen Träume mit seiner Familiengeschichte auseinanderzusetzen und dadurch Verborgenem auf die Spur zu kommen, das das eigene Leben prägt.

Vandenhoeck & Ruprecht